JOURNAL

HISTORIQUE

DU SIÉGE DE SARAGOSSE,

SUIVI

D'UN COUP D'ŒIL

SUR L'ANDALOUSIE.

IMPRIMERIE DE POULET,
QUAI DES AUGUSTINS, nº. 9.

JOURNAL HISTORIQUE DU SIÉGE DE SARAGOSSE,

SUIVI

D'UN COUP D'ŒIL

SUR L'ANDALOUSIE,

PAR J. DAUDEBARD DE FÉRUSSAC,

Chef de Bataillon d'Etat-Major, ex-Sous-Préfet, Membre de plusieurs Sociétés savantes.

PARIS,

A LA LIBRAIRIE D'ÉDUCATION ET DE JURISPRUDENCE

D'ALEXIS EYMERY,

rue Mazarine, n°. 30, derrière le palais de l'Institut.

1816.

AVANT-PROPOS.

J'AI recueilli des notes pendant les campagnes d'Autriche, de Prusse, de Pologne et d'Espagne. Ayant parcouru successivement diverses parties de l'Europe, de Paris à Varsovie, de Tilsit à Gibraltar, on doit penser que tous les matériaux que j'ai pu réunir au milieu des batailles, et surtout en m'élevant de soldat au grade de capitaine, doivent nécessairement conserver la teinte progressive du jour sous lequel les événemens et les choses se sont présentés à moi. Je me suis gardé, dans ma rédaction, de leur enlever cette couleur locale qui seule, peut-être, leur donnera quelque prix. Ainsi, quoique ce ne soit plus un jeune militaire qui présente son ouvrage, c'est toujours lui qui raconte. Mes tableaux conserveront le mouvement des sensations qui m'agitaient dans les différentes situations où je me suis trouvé. On y verra des traits plus vigoureux, plus hardis à mesure que des sujets nouveaux, et mon expérience acquise au prix de mille sacrifices, me présentaient des réflexions nouvelles. On me permettra donc de répéter ici ce que je disais en 1812, lorsque je fis paraître *mon Coup-d'Œil sur l'Andalousie : Les faits que je présente sont par eux-mêmes assez dignes d'attention pour croire qu'ils seront goûtés indépendamment de la manière de les présenter. On s'attachera sans doute à l'historique, et l'on aura, j'espère, de l'indulgence pour un jeune militaire qui, malgré les occupations de son métier, n'a pas cessé d'aimer l'étude. J'ai trouvé par-là des plaisirs au milieu des peines, des consolations au milieu des désagrémens inséparables de ma position. Comment donc ne chérirais-je pas un goût aussi utile qu'agréable, qui, certainement, est très-compatible avec les devoirs d'un militaire ? Ce goût lui procure des jouissances aussi variées que multipliées, d'autant plus à estimer, qu'au moins si la fortune ne le favorise pas, il acquiert par elles un dédommagement précieux, indépendant de ses caprices, et qu'elles lui coûtent peu, ce que doit calculer un officier subalterne.*

» Si l'on pense qu'en observant seulement ce qui se passe sous ses yeux, (je suppose ici le militaire en campagne) et en tenant un journal exact, l'on doit recueillir dans peu de temps une foule de faits intéressans, on conviendra que la situation d'un militaire est très-avantageuse pour acquérir des lumières: il se trouve en relation avec des gens de tous les états; il s'incorpore, pour ainsi dire, dans les familles, en vivant avec elles; il se rapproche par-là bien plus de l'homme privé; il le voit dans des situations qui font bien mieux connaître son caractère, que les discours hasardés de l'homme du monde, ou les récits des voyageurs qui n'ont pu voir comme lui. Le militaire s'écarte des grandes routes, traverse un pays dans tous les sens, et peut apprécier sa fertilité, ses productions, ses aspects divers; enfin il s'y nourrit, et par-là peut mieux juger de ses ressources. Ajoutez que dans les temps de repos, on peut même consulter les bibliothèques, vi-

siter les savans, approfondir et comparer ce qu'on a vu. L'on doit donc bien regretter qu'il y ait si peu de militaires qui s'occupent de noter ce qui s'offre à eux d'intéressant. On en peut rapporter la cause à un préjugé auquel un bien petit nombre de jeunes gens ont la force de résister. L'on répète, comme une vérité démontrée, qu'on ne peut s'occuper à la fois de son état et d'une étude plus générale. *Si vous osiez en douter, les sarcasmes, les plaisanteries de vos camarades, de vos chefs même assez souvent, le ridicule, enfin, cette arme si dangereuse pour les êtres sans caractère, vous obligeraient bientôt à céder au torrent. Il me serait cependant facile de démontrer le peu de justesse de cette assertion, fondée sur l'état d'insouciance et de dissipation de la vie des militaires; car l'on sait assez que de très-bons guerriers, de très-grands capitaines, ont été versés dans les belles-lettres, et sont devenus de célèbres écrivains* (1). *D'ailleurs, assez ordinairement*

(1) Xénophon, Thucydide, César, Scipion, Polybe, Frédéric, Turpin, Maurice de Saxe, et une infinitité d'autres.

les critiques de ce genre sont dictées par la jalousie, et ceux qui les ont répandues ne s'occupent pas plus de leur état que des autres sciences. Je pourrais encore prouver que, loin d'être incompatible avec cet état, l'étude est absolument nécessaire à un militaire ; peut-être pas, j'en conviens, à celui qui, ne dépassant jamais les limites étroites que la nature lui a assignées, doit toujours rester dans les grades subalternes, et auquel la bravoure, qu'il possède en commun avec le dernier des soldats de l'armée, suffit pour remplir les devoirs presque mécaniques de sa place. Mais un officier supérieur, un général, ou celui qui sent qu'il est fait pour parvenir à ces grades, et se placer au-dessus du vulgaire, à moins qu'il ne soit doué d'un génie éminent qui déroute tous les calculs, supplée à toutes les connaissances par la promptitude et la facilité de la conception, doit absolument étudier et observer beaucoup. En effet, cet officier général étant chargé d'entreprises en chef, il doit connaître le génie, le caractère des nations, la conformation physique des pays où il peut porter la guerre, leurs ressources, les positions militaires qu'ils renferment ; et enfin posséder les talens propres à organiser et à pacifier après avoir subjugué ; or, cela ne peut s'apprendre que par l'étude de l'histoire et les observations journalières et réfléchies sur les pays et leurs habitans. »

Telles étaient alors mes réflexions. Aujourd'hui elles sont moins utiles ; la paix les rend, pour ainsi dire, superflues. La réorganisation de l'armée, le retour à l'ordre et aux principes, ramèneront l'instruction, l'urbanité et la galanterie, qui ne déparent pas les vertus militaires.

J'avais, comme je l'ai déjà dit, commencé à faire paraître mes extraits par le *Coup-d'Œil sur l'Andalousie* ; mais je reconnus bientôt l'impossibilité de continuer, la police m'ayant fait retrancher plusieurs morceaux de cet opuscule sur des prétextes si légers, qu'il fallait absolument se taire, ou parler dans un sens approprié aux circonstances.

Je rétablis aujourd'hui ces morceaux supprimés, dans la nouvelle édition de cet ouvrage, qui suit le siége de Saragosse ; ils diminueront la monotonie qui résulte d'une longue série de tableaux descriptifs, étant tous anecdotiques : ces tableaux ont été esquissés sur les lieux. Quant au siége de Saragosse, il a été écrit au milieu du camp, dans mon bivouac, pendant le siége même dont il est la relation.

Un ouvrage justement estimé a déjà paru sur ce sujet ; je veux parler de celui de M. le lieut.-gén. baron de Rognat ; enfin M. Cavallero a décrit avec beaucoup de talent et d'intérêt la défense de cette ville, à laquelle il a pris part. Je n'aurais point hasardé mon ouvrage après de tels écrits, si je n'avais pensé queleurs auteurs, officiers de génie ou d'artillerie, ont plutôt voulu donner des ouvrages militaires qu'historiques, et ont cherché à être intéressans et utiles aux hommes de l'art plutôt qu'agréables au commun des lecteurs, qui goûtent peu les détails dont un siége est rempli, sur les boyaux, les tranchées, les palissades ou les batteries. Heureux si mon travail peut offrir une relation historique, et servir ainsi de complément à ceux de MM. de Rognat et Cavallero.

La tranquillité intérieure, la paix vont

ramener en France la possibilité de s'occuper à des délassemens si agréables, après tant de fatigues. Je puis me livrer enfin à l'espoir de publier les matériaux que j'ai recueillis pendant près de cinq ans de séjour en Espagne. Les événemens militaires, les antiquités, la géographie ancienne surtout, l'histoire naturelle, l'observation du pays et celle des hommes ont tour à tour rempli les loisirs que me laissaient mes obligations.

Je crois devoir avertir que le Journal du Siége de Saragosse, imprimé pendant le malheureux tems de l'usurpation, sur les lettres originales que j'avais écrites d'Espagne, a beaucoup souffert de ces circonstances; n'ayant pu corriger les épreuves, on y trouvera sans doute beaucoup d'incorrections qui la plupart tiennent à cette cause, et d'autres qui proviennent de l'abandon, de la négligence même qu'on apporte toujours dans des lettres, surtout lorsqu'on écrit dans un camp, mais dont j'aurais châtié le style si j'avais pu en surveiller l'impression.

JOURNAL HISTORIQUE

DU SIÉGE

DE SARAGOSSE,

OU

LETTRES ÉCRITES PENDANT LE SIÉGE DE CETTE VILLE;

Contenant des détails sur sa position, son histoire, la première attaque qu'elle a soutenue, et sur le siége actuel.

Du camp devant Saragosse, le 23 décembre 1808.

JE suis arrivé le 21, au plus beau moment; on se battait. Je te raconterai, mon cher Félix, et cette affaire et toutes les suivantes; mais comme je veux tenir ma promesse en te mettant au fait de ce qui concerne Saragosse, je veux d'abord te faire part des recherches que je fais sur son histoire, et te décrire sa situation, choses réellement nécessaires pour bien apprécier la défense que paraît vouloir faire cette ville, et l'importance de l'entreprise. Je suis admirablement placé pour mes travaux. Mon bivouac est très-près du couvent des Capucins, où j'ai trouvé une belle bibliothèque, un peu bouleversée, à la vérité, par nos soldats, mais qui contient tous les auteurs anciens et nationaux qui peuvent m'éclairer.

Il te paraîtrait plaisant de me voir dans un bivouac commun à deux douzaines de mes soldats, entouré, dans mon petit coin, d'une foule de volumes gros et petits, les pieds rapprochés du feu, le dos appuyé au tronc d'un olivier, feuilletant, compulsant, écrivant au bruit de la fusillade et du canon, et quittant souvent la plume pour reprendre l'épée. Hé bien, mon ami, je n'en suis ni plus maigre ni moins gai, et je bois à ta santé d'excellent vin, ma foi, du profond de mon cœur. Mais entrons en matière.

Saragosse, capitale de l'Aragon, archevêché, à cinquante-deux lieues de Madrid, quarante-huit de Barcelone, est une des plus grandes villes d'Espagne. Elle contient quarante-deux mille six cents habitans, selon l'état de population de 1787. Elle est située sur l'Ebre, (1) dont la vallée traverse l'Aragon de l'est à l'ouest, près le confluent de deux petites rivières avec ce fleuve,

---

(1) *Ebro* en espagnol, l'Hiberus des anciens.

dont l'une, le *Gallego*, (1) vient du nord, et l'autre, la *Guerba*, (2) du midi. Celle-ci est la moins forte des deux. Leurs rives sont tellement fertiles, qu'on nomme communément la première *rivière de fruits*, par la quantité qu'on en cueille sur ses bords, et la seconde, *rivière d'huile et de vin*. Ces deux rivières forment deux vallées entre des coteaux prononcés, et, par leur réunion dans celle de l'Ebre, une plaine assez étendue, au milieu de laquelle est bâtie la ville.

Sur la rive gauche du fleuve, au-dessus du village d'Alagon, commence une suite de rochers arides, calcinés, grisâtres, renfermant des dépôts de *sel gemme*, et qui ressemblent de loin à une grande muraille. L'Ebre en baigne le pied, jusqu'à la vallée du Gallego, de manière à ne laisser aucun chemin praticable sur le bord de ce fleuve jusqu'à cette vallée. Près de sa jonction avec celle de l'Ebre, s'élèvent des coteaux qui dominent la plaine et Saragosse ; c'est là que nous sommes campés : ils sont couverts d'oliviers et de vignes, et arrosés par un grand nombre de canaux. Après le Gallego, se trouvent de pareilles élévations, mais plus éloignées du fleuve.

---

(1) Nom altéré de *Galico*, parce qu'elle vient de la frontière de France, au sommet de la vallée de Thenne.

(2) La *Guerba* prend sa source près de Cutanda.

Sur la rive droite, les coteaux sont assez rapprochés, surtout celui appelé *Monte-Torrero.* Les montagnes sont éloignées, arrondies, couvertes de verdure, et dans un plan plus reculé; tout-à-fait à l'horison, l'on apperçoit des sommités élevées, couvertes de neige : elles appartiennent au *Moncaio* qui séparent vers cette partie la Castille de l'Aragon.

La plaine et les coteaux ressemblent à de vastes jardins; rien de plus beau ni de mieux cultivé. Des champs d'oliviers d'une grande étendue, des vignes, des terres à blé, des jardins remplis de légumes, des habitations champêtres que l'on nomme *torres ;* voilà le spectacle que présente cette belle plaine, dont les habitans jouissent en même temps d'un air pur, d'un ciel presque toujours serein, d'un paysage magnifique et de productions excellentes; le vin surtout y est très-bon, l'huile douce et pleine de substance.

Les nuits et les matinées y sont très-fraîches, et les journées très-chaudes, ainsi que dans tout l'Aragon, de sorte que nous sommes assez mal au bivouac, car on manque de bois et de paille pour faire des abris, et les oliviers une fois brûlés, l'on aura peine à trouver de quoi faire du feu.

L'Ebre n'est navigable qu'au-dessous de Saragosse, à *Sastago ;* mais on se sert cependant dans cette ville de petits bateaux de transport qui esquivent les rochers. Les routes qui y aboutissent sont superbes, très-larges, bien tracées, avec des bornes de distance en distance, de larges pierres plates qui les encadrent, et qui servent de trottoirs; mais la plupart ne sont telles qu'aux environs de la ville.

Saragosse, par sa position, sa grandeur, et sa population, est une des plus importantes villes du royaume; c'était le siége de l'ancien royaume d'Aragon: aujourd'hui c'est un archevêché. Elle possède une université, *une société des ami du pays*, un grand nombre de couvens; son commerce est assez étendu. Elle est habitée par plusieurs *grands d'Espagne*; tout enfin contribue à la rendre le centre d'un grand raliement, d'un grand point de défense, surtout si l'on fait attention au souvenir que ses habitans doivent conserver des divers siéges qu'ils ont soutenus, et à la réputation dont ils jouissent chez toute la nation espagnole, d'avoir beaucoup de caractère, de fermeté, de bravoure et d'entêtement même. Aussi l'on représente l'Aragonais *enfonçant avec sa tête un gros clou dans une pierre*, pour montrer combien il l'a dure. Les tentatives récentes que nous avons faites, et qui ne nous ont pas réussi, quoique les seuls habitans de Saragosse la défendissent, ont dû contribuer encore à augmenter cette haute opinion du reste de l'Espagne pour les Aragonais. Tout a donc concouru à la déſense que fait aujourd'hui cette ville, soit la confiance de ses voisins, qui les a portés à s'y réfugier tous, pour s'y défendre avec des hommes dont ils étaient sûrs, soit parce que dans ceux-ci cette bonne opinion les a sollicités à faire tous leurs efforts pour s'en rendre dignes, et paraît les avoir déterminés à s'ensevelir sous les ruines de leur ville.

Adieu ; en voilà assez pour aujourd'hui ; je finis à temps, car mon dîner est prêt. Il se compose d'une excellente soupe (on n'en mange jamais de meilleure qu'au camp), et d'un gros gigot de *mérinos* tourné au bout d'une ficelle suspendue à une baguette de fusil, au lieu de tournebroche et de lèchefrite, le tout arrosé d'excellent vin. Tu vois que je ne suis pas si mal. Tous les préparatifs se font sous nos yeux, au milieu de nous, à la belle étoile; car notre bivouac est en même temps notre salon, notre chambre à coucher et notre cuisine.

VALE.

Du camp devant Saragosse, le 24 décembre 1808.

Je vais commencer à faire le savant, et te dire tout ce que j'ai lu sur l'histoire de Saragosse, afin de te mettre au fait de ce qui la concerne; et pour te prouver sans réplique ce que j'avance, je te citerai tous les auteurs que j'ai consultés.

Saragosse, *Zaragoza* en espagnol, fut fondée par Auguste, après la guerre de Cantabrie, qui l'avait attiré en Espagne. Pour récompenser ses vétérans, il leur donna des terres sur les bords de l'Ebre, autour d'un endroit appelé, selon Pline, *Salduba*, nom qui venait, sans doute, des salines, qui existent encore auprès de Saragosse. Ces vétérans agrandirent *Salduba*, l'embellirent, le réédifièrent, et Auguste en fit une *colonie*, avec le titre d'*Immune*. Elle reçut pour nom celui de cet empereur, *Cesarœa Augusta*, d'où, par corruption, est venu Saragosse. L'on voit par-là que ce ne fut pas une nouvelle fondation, mais seulement un changement de nom. Cela arriva sous le neuvième consulat d'Auguste, l'an 25 avant J. C., 725 de Rome (1).

Tous les anciens géographes en font mention; Ptolémée la place au 14° 15' de longitude, 40° 30' de latitude. Pline et Pomponius Méla la citent comme une des principales villes de la province Tarraconnaise. *Cesarœa Augusta* avait le droit de battre monnaie, et aucune autre ville d'Espagne n'en fournit autant ni de plus intéressantes. (Voyez *Florez Medallas d'Espagna.*)

---

(1) *Florez Espagnà Sagrada*, t. I, p. 331, et t. XXX, p. 24 et 32.

Après les Romains et les Suèves, Saragosse passa aux Goths. Euric, qui régnait en France, commença la conquête de l'Espagne sur ces derniers par la prise de Pampelune et de Saragosse, dont s'empara le comte *Gauteri*, son général, vers l'an 470 (1).

Sous le règne de *Teudis*, Childebert et Clotaire, son frère, le premier roi de Paris, le second roi de Soissons, après avoir conquis la Bourgogne, formèrent le dessein de conquérir l'Espagne. Vers l'an 540 ou 541, ils passèrent les Pyrénées avec une armée, occupèrent toute l'Espagne Tarraconnaise, et mirent le siége devant Saragosse. Ce fut le premier que soutint cette ville.

On raconte (2) que, pressés de toutes parts, les assiégés ne pouvant manquer de subir le joug du vainqueur, eurent recours à St. Vincent, martyr, né dans leur ville ; après plusieurs jours de jeûne, le clergé, suivi d'une multitude d'hommes, de femmes, d'enfans couverts de cendre et de cilice, en habit de deuil, faisaient chaque jour une procession sur les murailles autour de la ville, en portant la tunique du bienheureux diacre, implorant l'assistance du ciel par la médiation de leur bienheureux compatriote. Childebert, frappé

---

(1) *Saint-Isidore*, Hist. de Régibus Gothorum, p. 209.

(2) *Saint-Grégoire de Tours*, Hist. ecclés. Franc., lib. 3, n°. 29, col 130, 131. *Adon Vienense*, Chronic., ed. 6, p. 667.

de ce spectacle, et craignant le courroux de St. Vincent, entra en négociation, et consentit à lever le siége si l'on voulait lui donner la précieuse relique qui l'avait pénétré d'une sainte terreur. L'archevêque de Saragosse accepta cette condition, et le monarque se retira fort satisfait. Mais l'étole de St. Vincent, qu'il emportait avec lui, ne l'empêcha pas d'être battu en rentrant dans les Pyrénées, par *Teudiselo*, général du roi *Teudis*, qui l'entoura de toutes parts et lui tua beaucoup de monde (1). De retour à Paris, il fit bâtir une belle église en l'honneur de St. Vincent, qui fut depuis connue sous le nom de *St.-Germain-des-Prés* (2), et pendant long-temps fut destinée à la sépulture de nos rois. Ainsi, mon cher Félix, si tu vas visiter les restes de cette abbaye, demande à voir la vénérable *étole* si elle y est encore, et pense un peu aux fatigues que nous essuyons autour de la même ville où était le bon roi Childebert. Malheureusement pour les

(1) *Masdeu Espagna critica*. T. 10, p. 107. Cette bataille eut lieu en 542, par conséquent il ne put pas prendre Saragosse en 543 ou 544, comme le dit l'Itinéraire d'Espagne. Il y a erreur de date. (*V.* Art. *Saragosse.*) Au reste, les historiens sont fort peu d'accord sur cette bataille; les Espagnols soutiennent qu'elle eut effectivement lieu, d'après l'évêque *Jornandes*. Parmi les Français, le père Daniel seul l'indique, sans détails, t. I, an 543.

(2) *Ruinart*, *in S. Grég. Turon.*, *Hist. Franc.*, lib. 3, n°. 29, note A., col. 131.

habitans, nos maréchaux ne paraissent pas disposés à lever le siége à si bon marché, même quand on leur offrirait l'image célèbre de N-D. *del Pilar* (ou de *la Colonne*), qui attire des pèlerins de toutes les parties de l'Espagne.

Muza, vice-roi d'Afrique pour les califes de Damas, s'empara de Saragosse et de l'Aragon, et en chassa les Goths sous le règne de leur roi *Theudimère*, vers l'an 713 (1).

Quelque temps après, sous *Joseph Alfarco*, vice-roi d'Espagne, l'*amiral Amer*, l'un des plus puissans seigneurs maures, se révolta et vint, à la tête d'un grand nombre de rebelles, mettre le siége devant Saragosse, l'an 754. Il s'en empara, et s'y fit reconnaître roi. Mais, l'année suivante, Joseph reprit la ville, et le nouveau roi fut conduit, enchaîné, jusqu'au royaume de Tolède, où on le fit mourir (2).

Un second monarque français vint encore sous ses murs (3); Charlemagne s'en fit reconnaître souverain vers l'an 758, et y laissa, comme princes feudataires, les anciens gouverneurs arabes qui s'étaient révoltés contre *Abdelrahman*, roi de Cordoue, et qui avaient servi ses idées d'ambition en favorisant son entrée en Espagne. Mais bientôt le monarque arabe reprit ses droits sur Saragosse.

---

(1) *Masdeu*, *Hist. crit.* T. 12, p. 19.

(2) *Rodrigo Ximenes*, *Hist. arabum*, cap. 17, p. 16.

(3) *Eginard*, *Annales regum Francorum*, p. 240.

La province où était cette ville s'appelait, sous les Maures, *Arlit;* les gouverneurs avaient le titre de préfets, ils étaient sujets des empereurs d'Afrique, et depuis des rois de Cordoue. Mais vers 1017, *Almanzor* (ou *Al Mondero Altagibi*), prince célèbre par ses vertus, se fit roi de cette ville : ce fut le premier qui transmit le trône à ses descendans, qui y régnèrent plus d'un siècle. Le dernier monarque arabe fut *Abdel Malec Abu Meruan Omadaldaulat* (1), qui en fut chassé par les chrétiens de la manière suivante.

Alphonse-le-Batailleur, qui était déjà roi d'Aragon (2), dont les terres confinaient à celles de Saragosse, et qui avait depuis long-temps des vues sur elle, saisit le prétexte que lui fournissaient les courses fréquentes des Arabes sur ses terres, et s'approcha de cette ville pour en former le siége. On prit d'abord plusieurs villes ou châteaux avoisinans, comme *Tauste*, *Magalone*, *Castellar*, *Tudela*. La renommée y attira grand nombre de chevaliers, parmi lesquels étaient *Gaston de Béarn* et *Rotrou de Alperche*. Les Maures, qui sentaient de quelle importance il était de conserver cette place, accoururent de

(1) *Masdeu*, *Esp. crit.*, t. 12, p. 409.

(2) Les rois chrétiens d'Aragon ne possédaient à cette époque que la partie septentrionale et montagneuse, depuis Huesca. Ils tinrent leur cour tantôt à Jacca, tantôt à *Saint-Jean de la Pegna*, ou à *Sobrarbe*.

toutes parts pour la secourir. *Témin*, roi de Maroc, très-fameux à cette époque, vint à la tête de ses plus braves soldats, et se plaça dans un poste avantageux sur le bord gauche de la *Guerba*, près le château de *Maria*, qui était aux Maures, et qu'on voit encore aujourd'hui.

Le huitième jour du siége, on emporta le faubourg qui était sur la rive gauche de l'Ebre ; quelque temps après, les assiégés paraissaient souffrir de la disette de vivres ; on les serra de si près, qu'ils n'avaient plus d'espoir, lorsqu'on apprit qu'un neveu de Témin, d'autres disent un fils du roi de Cordoue, venait avec de grandes troupes pour renforcer la garnison. Alphonse ne balança pas, il courut au-devant du général ennemi, le trouva près de *Daroca*, à un endroit nommé *Cutanda*, donna la bataille, défit les Arabes, prit le général, et revint triomphant devant Saragosse. Les habitans, perdant par-là toute espérance, se rendirent, après huit mois de siége, le 8 décembre 1118. Cette victoire combla de joie les chrétiens, et leur donna l'espoir de chasser entièrement les Maures de l'Espagne.

Alphonse fit de Saragosse la capitale de son royaume, et ce fut la résidence de ses descendans jusqu'au seizième siècle, que l'Aragon fut réuni à la couronne d'Espagne par le mariage de Ferdinand-le-Catholique avec Isabelle, héritière de Léon et de la Castille.

Dans le temps de la guerre de succession, tu verras, mon cher Félix, que les Aragonais mirent autant d'acharnement à se défendre contre la maison de Bourbon, qu'ils en mettent aujourd'hui à la soutenir. A cette époque, il se donna, sous Saragosse, une bataille sanglante, qui *porte son nom.* L'armée de l'archiduc, commandée par Gui de Staremberg, le général allemand qui avait le plus de réputation après le prince Eugène, rencontra, le 20 août 1710, près de cette ville, l'armée de Philippe V; elle était commandée par le *marquis de Bay*, capitaine malheureux, et ne montait alors qu'à dix-huit mille hommes. L'armée autrichienne avait près du double de combattans. Au lever de l'aurore, l'artillerie commença à jouer; l'action s'engagea sérieusement vers onze heures, et fut d'abord opiniâtre et sanglante. La cavalerie espagnole fit des prodiges; elle renversa tout ce qu'elle attaqua; mais l'infanterie soutint mal; cependant quelques régimens firent leur devoir. La gauche fut prise en flanc par deux bataillons ennemis, et se plia sur le centre, qu'elle mit en désordre. Alors, après deux heures de combat, la confusion devint générale; chacun ne songea qu'à fuir; le marquis de Bay gagna Tudela avec ce qu'il put rassembler, laissant sur la place plus de trois mille morts, seize pièces de canon, et la moitié de son bagage. Avant la mêlée, Philippe V, malade de la fièvre, s'était retiré à quelques lieues de là; à la première nouvelle de la défaite de ses troupes, il se rendit *en poste* à Madrid, où il disposa tout pour sa retraite en cas qu'il fût suivi.

Voilà, mon cher ami, ce que l'histoire rapporte d'intéressant sur Saragosse. Sans doute la défense qu'elle fait aujourd'hui sera, pour nos neveux, plus intéressante encore. Mais il faut attendre la fin du siége pour juger quelle sera la constance de ses habitans. Pour moi, je ne puis, même actuellement, m'empêcher de les admirer, d'oser se défendre, sans presqu'aucun moyen, contre des armées qui ont pris les plus fortes places de l'Europe, et nous forcer de faire le siége d'une ville sans fortifications. Tu observeras qu'avec l'attaque de M. le général Desnouettes, dont je te parlerai dans ma première, voilà la cinquième fois que les Français viennent se battre sous ses murs. Adieu.

Du camp devant Saragosse, le 26 décembre 1808.

Je viens de me réveiller; mes camarades de bivouac dorment encore. J'ai pris hier des notes, dont je te garantis l'exactitude, sur la première attaque de Saragosse; je vais profiter de la tranquillité qui règne autour de moi pour t'ecrire et t'en parler. Cette première attaque est extrêmement glorieuse pour les habitans de cette ville, et peut-être plus que ne le sera le siége que nous faisons, quel qu'en soit le résultat, parce que les habitans de la ville, presque seuls, la défendirent, et soutinrent les attaques répétées de nos troupes avec une constance et une valeur admirables.

Après l'affaire de *Tudela*, dont je t'ai parlé (1), qui eut lieu le 12 juin 1807, le général *Lefebvre Desnouettes*, à la tête de huit à neuf mille hommes d'infanterie et quelques centaines de chevaux, se porta sur Saragosse. Les généraux ennemis *Saint-Marc*, *Butler*, *O Neille*, tous trois d'origine étrangère, fils de celui dont parle Voltaire (2), sachant que nos forces étaient peu considérables, voulaient qu'on tînt encore la campagne. Mais après le combat de *Mallen*, où l'on ne nous opposa qu'un corps détaché de paysans, qui lâchèrent pied, le général Palafox se porta le 14 à Alagon, avec tout ce qu'il put rassembler de nouvelles levées et de vieilles troupes; il s'y trouvait, entr'autres, deux régimens d'infanterie et le régiment de dragons du roi. Elles furent dispersées, et ne se rallièrent qu'à Saragosse, où on travailla avec activité à nous disputer

(1) Dans le journal de mon voyage de Bayonne à Saragosse, que je publierai incessamment.

(2) Dans le récit des aventures du prétendant Charles Stuart. (*V.* Siècle de Louis XIV.)

l'entrée. On a prétendu que si M. le général Desnouettes avait continué sa marche avec un peu de précipitation, il serait entré sans coup férir dans la place; c'est ce que je ne puis décider. Il aurait au moins fallu, pour cela, avoir une connaissance parfaite et positive des forces de l'ennemi, et de ses moyens de défense.

Dans la nuit du 14 au 15, on mit des canons aux portes; on se prépara à repousser l'attaque qu'on attendait pour le lendemain; on organisa les différens postes; on assigna des places à tout le monde; on monta les têtes; enfin on fit tout ce qu'on put faire pour exalter le courage des habitans et du peu de troupes qui étaient dans la ville.

Nous attaquâmes en effet le lendemain matin. Cinquante soldats passèrent même sur les murs, et s'avancèrent dans la ville : mais ils furent bientôt repoussés, avec perte de sept ou huit hommes, et obligés de repasser par le même chemin. L'après-midi, l'attaque fut encore plus violente : elle fut dirigée sur les trois portes dites du *Portillo*, des *Carmes*, et de *Sainte-Engrace*. On se battit jusqu'à la nuit, surtout à la première : cette attaque fut, dit-on, repoussée. Les habitans rivalisèrent d'ardeur et de bravoure avec les troupes réglées, et se défendirent vaillamment. Jusqu'au 2 juillet, il n'y eut que de petites attaques partielles, et jamais importantes. Ce qui arriva, pendant cet espace, de plus remarquable, fut, dans la journée du 27 juin, l'embrâsement du magasin à poudre, qui sauta et fit un bruit effroyable. Il n'y en avait alors que quatre-vingts quintaux; on en avait fort heureusement évacué le matin ou la veille une pareille quantité : si elle y eût été, tout le quartier sautait avec ce magasin. On n'a pu connaître la cause de cet évènement, qui endommagea tous les bâtimens avoisinans. On assure qu'il ne fut point causé par l'effet de nos projectiles; tout était tranquille alors : on soupçonne que ce fut l'effet d'un dessein prémédité.

Le 2 juillet, l'attaque fut générale et simultanée, depuis le pont jusqu'à la porte du Portillo. Toutes les autres furent également assaillies entre ces deux points; mais nous ne pûmes parvenir à avoir un avantage marqué pendant tout le reste du mois. Chaque jour nous attaquions la porte de *Sancho*, point très-important, parce qu'en s'en emparant, nous étions maîtres des portes du Portillo et des Carmes jusqu'à l'Èbre. Il paraît que nous avions trop peu de monde pour employer aux attaques de cette porte un assez grand nombre de soldats; j'ai su qu'elles furent toujours trop faibles, et les Espagnols prétendent que si on avait pu y mettre plus de forces, c'était le vrai moyen de pénétrer dans la ville. Ce qu'il y a de remarquable, c'est que toutes ces portes restaient ouvertes nuit et jour : mais elles étaient défendues avec beaucoup de zèle; tous les habitans s'y portaient dès que nous paraissions, et chacun avait sa destination. Ils se ralliaient lorsque la cloche de la grande tour sonnait douze coups répétés; c'était la générale, et chacun allait à son poste.

Le 4 août, nous fûmes plus heureux; nous nous emparâmes des portes du Portillo et des Carmes; de là nous gagnâmes, par une rue de traverse, celle de Sainte-Engrace, et nous arrivâmes au Cosso, d'où notre colonne se dirigea à droite et à gauche avec tant de succès et de vivacité, que si elle avait été soutenue par des forces considérables, nous étions dès lors maîtres de la ville; mais en un clin d'œil, toute la garnison, tous les habitans en armes, nous obligèrent à revenir sur nos pas. Les efforts prodigieux que firent les ennemis pour nous chasser de la salle de spectacle, où nous voulions nous établir, leur coûtèrent beaucoup. La demi-colonne qui avait pris à droite fut arrêtée par cinq hommes, dont le nombre se grossit avec une incroyable rapidité. Cela ne paraîtra pas étonnant, dans des carrefours, des rues étroites, où cinq hommes présentaient un front égal à la colonne qui les attaquait. Celle de gauche fut contenue par un détachement de gardes espagnoles, et par tous les habitans du quartier, qui se réunirent en un instant. L'on se battit de part et d'autre avec autant d'acharnement que de courage : nous avions le désavantage de ne point connaître les rues et les passages, et d'être fusillés de partout. Cependant nous nous emparâmes du couvent de Saint-François et de l'hôpital général, où nous tînmes. Ces deux grands bâtimens formant les coins de la rue de Sainte-Engrace pour entrer dans le Cosso, cela nous rendit maîtres de tout le quartier des Carmes.

Le 5 au matin, nous débouchâmes par le Cosso pour nous emparer de cette rue ; mais l'ennemi, en mesure de nous recevoir depuis la veille, et se doutant de cette attaque, nous força à rentrer dans nos forts, où nous restâmes dix jours assez tranquillement. Nous nous étions retranchés, et tout se disposait pour une vigoureuse tentative, lorsque M. le général Lefebvre Desnouettes apprit que les Valenciens et les Murciens, qui avaient mis à la vérité beaucoup de lenteur à se décider, arrivaient sur *Borja* pour le couper. Il ne jugea pas à propos de les attendre, surtout sachant la retraite de l'armée du roi, qui avait commencé son mouvement le 13; en conséquence, il abandonna son entreprise, et partit du 14 au 15 pour revenir à *Mallen* : il se porta de là en Navarre, où il cantonna ses troupes, pendant que le roi Joseph était à Vittoria.

Nous nous étions emparés presqu'en arrivant du Monte-Torrero, qui nous coûta peu de monde. Les Espagnols se contentèrent de défendre leurs murs, et n'essayèrent pas de tenir la campagne, ni de faire des sorties. Mais on a pu voir à l'attaque des couvens de Saint-François et de Saint-Joseph, toute leur tenacité et leur courage. On se disputa, dit-on, le terrein pas à pas. On se battait à coups de crosse sur les escaliers, et presque corps à corps.

Pendant tout le temps que dura cette stagnation de notre côté, les Espagnols faisaient des efforts incroyables. Le général Castagnos vint contre nous avec une armée de vingt à vingt-cinq mille hommes de vieilles troupes, et se réunit au général Palafox, qui avait organisé le soulèvement dans tout l'Aragon, et avait créé une armée de paysans, forte de plus de trente mille hommes. Mais le maréchal Lannes, qui arriva avec une division du sixième corps, et se réunit aux troupes du général Desnouettes, rétablit l'équilibre. Il battit d'abord à Tudéla, en novembre 1808, les Aragonais qui s'enfuirent, avec une incroyable, vitesse se rallier à Saragosse. Le général Castagnos, sur lequel paraissait vouloir tomber le maréchal, ne l'attendit pas, et se retira par Calatayud à Madrid.

Le maréchal Moncey prit le commandement après le maréchal Lannes; et à l'exception du 47e. régiment et d'un bataillon du 15e., qui ont rejoint le second corps d'armée, ces troupes ont pris le nom de troisième corps, et ont été ramenées par ce nouveau chef à l'ouverture de la campagne, d'abord jusqu'à Alagon, où elles ont attendu des renforts, n'étant composées que d'environ quinze mille hommes; et ensuite, à notre arrivée, elles se sont portées avec nous sous Saragosse, pour investir cette place.

Depuis que Sagarosse s'est trouvée libre, elle s'est fortifiée; elle a fait des magasins considérables. Une partie des armées de la Catalogne, de l'Aragon, de Valence et de Murcie s'y est réunie, ainsi qu'une incroyable quantité de paysans des environs, qui fuient notre approche, abandonnant leurs maisons, leurs villages, avec la résolution de se défendre jusqu'à la dernière extrémité.

Le maréchal Ney était, à ce qu'il paraît, destiné à faire le siége avec le 6e. corps, et le nôtre (le cinquième), avait l'ordre d'aller sur Madrid; mais ces dispositions changèrent. Arrivé à Alagon, il reçut une nouvelle destination, et se porta sur la capitale du royaume; nous, qui étions en route pour y aller, nous reçûmes ordre, auprès de Burgos, de tourner vers Saragosse, sans doute à cause de cette nouvelle destination du sixième.

Dans ma première, je prendrai les événemens à la réunion des deux corps d'armée. Adieu.

Du camp devant Saragosse, le 1er. janvier 1809.

Tu te rappelles que dans ma première lettre je t'ai dit qu'on se battait à mon arrivée. En effet, depuis le passage de l'Ebre, je ne cessai d'entendre le canon; j'eus beau me presser, j'arrivai trop tard; il était presque nuit, et le combat finissait. J'ai été désolé de n'être pas arrivé à temps; c'était la première affaire qu'avait le régiment en entrant en campagne; j'aurais dû y être; mais ce qui me console, c'est qu'il y en aura d'autres sans doute.

Je traversai le village de Justibol au milieu des blessés; on me parla de plusieurs de mes camarades qui venaient d'être tués; ce n'était pas un beau début; j'en eus des pressentimens sinistres. Il est vrai que j'étais à jeun, et que rien ne dispose à prendre les choses en noir comme d'avoir le ventre vuide. J'arrivai au camp mort de fatigue et de faim. Heureusement mon colonel me restaura, et je vins prendre possession de mon logement; c'est-à-dire de quelques pieds de terrein à la belle étoile, à la pluie, à tous les vents, avec l'espoir d'être ainsi pendant tout le siége, ce qui ne m'empêcha pas de bien dormir.

On a été ici fort inquiet pendant deux ou trois jours; on n'avait point de nouvelles de la première division, ni de M. le maréchal : j'ai oublié de te dire ce que j'appris à cet égard. L'inquiétude était réciproque ; M. le maréchal était fort en peine de nous ; les Espagnols ayant coulé bas ou fait retirer toutes les barques dans Saragosse, afin d'empêcher notre communication, nous ne savions rien les uns des autres. On a été obligé d'en aller chercher très-loin pour l'établir d'une rive à l'autre, et déjà on a commencé un pont, près duquel j'ai traversé le fleuve. Ce pont est principalement destiné au passage de l'artillerie, et des munitions de bouches et de siége qui viennent de Pampelune et d'Alagon, où sont nos magasins. L'on m'a assuré que, les premiers jours de l'approche, M. le maréchal, inquiet du sort de la division Gasan, et n'ayant aucun moyen de faire passer la rivière, avait engagé des nageurs à la traverser pour porter de ses nouvelles à ce général, et connaître sa position. On était même d'autant plus alarmé, qu'on avait entendu la fusillade à plusieurs reprises. Un officier et un soldat de pontonniers se présentèrent pour remplir cette mission ; ils prirent les ordres de son Excellence, se déshabillèrent, s'élancèrent dans le fleuve, et passèrent avec une peine incroyable, à cause du courant et du froid. On les vit à l'autre bord donner des signes de détresse, et se cacher dans les roseaux, où l'on prétend qu'ils ont péri.

Je vais enfin, mon cher Félix, commencer à

te donner le journal des opérations qui me seront connues. Comme il n'est destiné qu'à toi, qu'il ne sera présenté ni à nos maréchaux, ni à nos généraux, je me permettrai de te rendre toutes les réflexions que les événemens m'ont fait faire, ne fût-ce que par hommage pour la vérité. Si mon travail était rendu public, on voudrait bien penser qu'il est fait dans un camp, écrit à la hâte, et que souvent j'ai quitté ma plume au *cri des armes*. D'ailleurs, n'étant point dans l'état-major, je n'ai pu juger plusieurs événemens que par aperçu : la vraie cause m'a peut-être été inconnue.

On évalue l'armée ennemie à environ cinquante mille combattans, tant de vieilles troupes que de paysans armés et organisés ; on ne peut juger le nombre de ces derniers qu'imparfaitement; on sait du reste qu'ils ont dix mille hommes des vieux régimens et deux à trois mille cavaliers. La place est défendue par cent cinquante pièces de canon de tout calibre ; mais la force morale qui anime toute cette armée et chaque habitant de la ville, est vraiment la plus redoutable qu'ils aient à nous opposer.

Depuis notre retraite, on n'a cessé de travailler aux fortifications ; et quoique les nombreuses redoutes et les autres travaux qu'on a construits autour de Saragosse ne forment point l'ensemble d'une défense régulière, ces travaux n'en sont pas moins redoutables lorsqu'ils sont défendus par des hommes déterminés à mourir les armes à la main.

Les arbres sont coupés, et la plupart des maisons rasées autour de la ville, excepté quelques-unes dont on a fait des avant-postes; des ouvrages en terre, des redoutes, des fossés, des retranchemens l'entourent de toutes parts. On a souvent profité des vieilles murailles; mais ce sont surtout les gros couvens situés autour et près de cette ville, qui sont devenus les points de défense principaux; l'ennemi en a fait des châteaux forts. Dans la ville, chaque maison a été crénelée, les portes et les fenêtres basses murées; des communications intérieures ont été établies partout; enfin les rues sont coupées, barricadées, défendues par des batteries : voilà ce que nous savons déjà des moyens de défense de l'ennemi.

De notre côté, pour l'attaque, nous avons deux corps d'armée. Les 3e. et 5e. qui sont, dit-on, avec les artilleurs, ingénieurs, pontonniers employés au siége, forts de trente-cinq mille hommes. M. le général Dedon commande un équipage de siége de soixante bouches à feu. Le général Lacoste, aide-de-camp de l'Empereur, commande le génie, et fait préparer depuis quelques temps à Alagon les premiers matériaux nécessaires pour établir nos lignes.

L'on prétend que l'Empereur avait tracé lui-même les dispositions générales du siége. Le 3e. corps devait être spécialement employé aux travaux. Le 5e., sans y prendre une part active, était chargé, en se portant sur les deux rives de l'Ebre, de couvrir les assiégeans, assurer nos dernières, nos magasins, nos moyens de subsistance, et établir nos communications. La première division, commandée par M. le général Suchet, devait établir celle de Madrid, en se portant à Calatayud (1), ville assez considérable sur cette route, et la seconde devait former celle avec le général Saint-Cyr, qui allait débloquer Barcelonne, en traversant pour cela toute la Catalogne.

Cette disposition ne put s'exécuter, et cela était impossible, ou bien il fallait plus de monde. M. le maréchal Moncey, commandant le siége et le troisième corps, composé des 14e., 44e., 115e., 116e., 117e. et 121e. de ligne; des deux régimens polonais, 1er. et 2e. de la Vistule; de la cavalerie du général Vathier, n'avait en tout que quatorze ou quinze mille hommes, nombre insuffisant pour faire seul le blocus d'une place aussi grande que Saragosse; dailleurs ou M. le général Saint-Cyr était trop loin, ou une division était trop faible pour couvrir le siége sur cette partie, et établir une correspondance sûre à travers toute la Catalogne, encore insurgée. De plus, on aurait été exposé aux insultes des garnisons de *Lérida*, *Balbastro* et *Monçon*. L'entrevue des deux ma-

(1) Calatayud est l'ancienne Bilbilis, patrie de Martial.

réchaux changea ces dispositions. La division Suchet dut former le blocus de la rive droite de l'Ebre à la gauche du troisième corps ; la division Gazan, deuxième du corps d'armée, celui de toute la rive gauche du fleuve. C'est sur cette rive qu'est situé le faubourg dit l'*Arabal ;* il est joint à la ville par un pont solide en pierre. Ce faubourg est considérable ; il a en avant de lui plusieurs gros couvens qui forment autant de châteaux forts, entourés de beaucoup de murs, de clôtures qui en rendent l'entrée très-difficile. On pouvait voir tout cela sur les plans de Saragosse ; cependant il paraît qu'on crut ce faubourg très-peu de chose et sa prise très-facile ; on ne pensait pas qu'on dût être obligé d'en faire le siége en règle. Ceci ne peut être explicable à mes yeux, car déjà M. le général Lacoste, commandant le génie en chef, avait jugé qu'il faudrait faire celui de chacune des maisons de Saragosse, et gagner ainsi sur leurs ruines ces maisons l'une après l'autre ; preuve qu'il ne jugeait la prise de cette ville ni prompte, ni facile : dès-lors on devait bien accorder aussi quelques difficultés à celle du faubourg.

On combina, à ce qu'on doit croire, la première attaque pour le 21 décembre. La division Gazan reçut l'ordre, au-dessus de *Tudela de Navarre*, de passer sur la rive gauche de l'Ebre. Celle du général Suchet s'avança sur Saragosse.

Le maréchal Mortier, marchant avec elle, avait le 13 son quartier-général à Alagon ; le 20 il fut au village d'Utebo ; le 21 il s'approcha de la ville. On fit plusieurs reconnaissances, et cette division s'établit près du couvent des Trinitaires, dans les oliviers, la gauche appuyée à la rivière, et la droite au troisième corps. Il n'y eut que de légères escarmouches; tous les avant-postes se replièrent.

Le 3e corps suivit la droite du canal impérial, et se mit à cheval sur la *Guerba*, de la droite de la 1ere division du 5e., jusqu'à la rive droite de l'Ebre : tel était l'ensemble de la marche des deux corps, en s'approchant de Sarragosse.

La division Gazan passa par Tauste et Zuera ; le quartier-général coucha le 20 à *Villa-Nueva*, à trois lieues de Saragosse, et le 21 au matin, on se mit en marche. Bientôt l'on apperçut ses nombreux clochers : leur vue fit sur nos soldats l'effet des tours de Jérusalem à l'armée sainte de Godefroy de Bouillon. L'on était impatient d'entrer dans cette ville qui nous avait déjà coûté bien des tentatives inutiles. Mais les *lions du nord* s'avançaient, et Saragosse arrogante devait tomber à notre approche. Le soldat brûlait d'attaquer; il se partageait par avance les trésors de N.-D. del Pilar : plus on approchait, plus on voyait de facilité à y entrer. On ne découvrait point de fortifications, pas même une simple chemise; on dut se promettre une victoire aisée.

Voilà ce que disait, ce que pensait l'armée. Cependant, un terrein assez couvert, garni d'enclos, de vignes, de nombreux oliviers, partagés par beaucoup de canaux, dut faire craindre à notre général de s'aventurer au hasard. Il avait sans doute l'ordre exprès d'attaquer sans délai; on ne lui laissait pas le temps de connaître le terrein, de juger les positions de l'ennemi et ses moyens de défense. C'est ce qu'on doit présumer, car la sagesse, la prudence du général Gazan sont trop connues, pour croire qu'il se fut per is, de sa propre volonté, des démarches hasardées. Il devait attaquer le faubourg et l'emporter d'emblée; on devait, sur la rive droite, attendre notre premier coup de canon (*notre attaque étant cependant jugée la plus sérieuse*) pour attaquer le *Monte-Torrero,* hauteur assez considérable, détachée de la ville et qui la domine, où l'ennemi avait quelque mille hommes défendus par la position et par un grand ouvrage, mal entendu, dit-on; il ne tint pas à notre approche, quoique le poste fût susceptible de défense : de meilleures dispositions auraient pu nous rendre maîtres de toute la troupe; elle s'échappa, et l'affaire fut terminée de ce côté-là. Cependant on s'empara de la *Casa-Blanca*, appelée aussi *les Ecluses*, et on vint même jusqu'à la *Torre de la Bernardona,* qui est très-près de la ville. Revenons à la rive gauche.

Affaire du 21 sur la rive gauche.

Le général Gazan fit longer les coteaux par le 10ᵉ. de hussards, faisant l'avant-garde. Le colonel Briche, qui le commandait, fit avancer, pour s'éclairer, quelques piquets qui bientôt trouvèrent les vedettes ennemies dans les oliviers. Tous les postes extérieurs se retirèrent à notre approche ; tout fut ainsi chassé jusque près de la ville. La division fit halte sur les hauteurs en avant de Justibol : l'on attaqua en colonne par régiment. La première brigade s'engagea d'abord, puis la seconde, à l'exception d'un bataillon du 103ᵉ, resté en réserve. Tout fut l'ouvrage des tirailleurs. On s'empara d'une grande maison carrée appelée *la Torre de la Puyada*, située sur la route de Barcelonne, puis l'on avança au pied de la ligne retranchée des ennemis. On reconnut une forte redoute barrant cette route, et, à droite et à gauche, une forte ligne de retranchemens bien garnie d'artillerie ; beaucoup de maisons détachées du faubourg formaient des postes dont il fallait s'emparer : dès-lors on reconnut combien les données qu'on avait eues étaient fausses.

On s'empara des postes détachés ainsi que des premières redoutes, et l'on arriva jusque sous le feu des premières maisons du faubourg et de la seconde ligne qui l'entoure. Mais de nouveaux fossés, de nouvelles murailles à franchir ; la nuit qui approchait, le chemin que nous avions déjà parcouru et le pied des premières redoutes jonché de nos cadavres, les forces de l'ennemi qui paraissaient considérables, une nouvelle ligne de redoutes à emporter et toute la masse du faubourg, dont chaque maison serait devenue une forteresse, au cas qu'on y fût entré : toutes ces choses déterminèrent le général à abandonner l'entreprise, ce qu'il fit très-sagement; car, peut-être, en la continuant, la moitié de la division serait restée sur la place, sans qu'on eût pu en venir à bout. La première brigade avait horriblement perdu, le 21e surtout. On emporta les blessés à Justibol, où fut établie l'ambulance, et tout le monde vint camper à la position où l'on s'était arrêté le matin. On abandonna ainsi les premières conquêtes, et revenu du combat, l'on calcula ses pertes. Cette journée nous coûta six cent cinquante soldats ou sous-officiers, vingt-huit officiers et deux chefs de bataillons, tués ou blessés.

Le quartier-général se porta à Villa-Nueva.

Si l'on réfléchit, mon cher ami, à la manière dont cette attaque a été combinée, on s'apercevra bientôt d'une faute majeure : c'est que celle du Monte-Torrero se trouva trop faible pour faire diversion à la nôtre. L'ennemi ne tenant pas dans cette position, il semble qu'on aurait dû diriger d'autres attaques sur la ville même, afin de continuer la diversion; car se voyant tranquille sur ce côté, et renforcé par les troupes qui s'étaient échappées du mont Torrero, il dut croire, voyant que tant de monde avait attaqué cette hauteur, qu'une bien plus grande force se porterait au faubourg, qui était une entreprise bien plus sérieuse; dès-lors il porta un renfort considérable sur ce dernier point, et nous eûmes à vaincre, avec moins de 7,000 hommes, plus de 20,000 hommes retranchés jusqu'aux dents, et défendus par beaucoup d'artillerie. Ainsi ne sois point étonné du résultat (1).

Quelques personnes ont pensé qu'on aurait dû garder la ligne de la maison carrée, et ne pas reculer si fort en arrière. Qu'on réfléchisse un peu; on sentira qu'après une affaire comme celle-ci, n'ayant point de moyens de subsistance, point de communications avec le reste de l'armée, point de vraie connaissance des forces de l'ennemi et de nos derrières, l'essentiel n'était pas de bloquer de suite la ville, mais de prendre

(1) On doit présumer que si on eût connu le terrein, on eût attaqué vigoureusement par notre gauche; d'abord le couvent de Jésus, puis celui de Saint-Lazare; de là on était au pont, et une fois la communication coupée avec la ville, on était maître du faubourg.

des positions sûres, de se mettre en état d'agir avec fruit, et enfin de se délasser et de se procurer des vivres. Les positions qu'a prises le général assurent tout; on s'est arrêté à la rivière, on a couvert nos blessés, et bientôt après on a songé au blocus, et reconnu un pont sur le *Gallego* (1). Des maisons isolées, beaucoup d'enclos, un terrein inégal, coupé de canaux d'irrigation, telle est la plaine à gauche de l'Ebre.

Nous venons de nous étendre davantage pour nous camper de nouveau; on s'est retranché, on a élevé deux batteries de défense sur le front de notre ligne, on a profité des digues, des

(1) Le pont dont il est ici question est en bois, construit à la hâte, et fort léger. Malgré sa faible construction, il résista à toutes les crues d'eau, qui furent cependant considérables. Plus bas, on voit les ruines d'un autre pont en bois qui a été brûlé l'année dernière. Enfin, deux belles culées en pierre attestent qu'il existait encore à cet endroit un autre édifice semblable. Mais ce qui frappe davantage, ce sont les ruines d'un superbe et ancien pont des Romains ou des Maures. Les arches existantes sont bien conservées, et bâties en brique. Il en existe encore sept ou huit; la plus grande est très-élevée. Leur gissement indique que ce pont a été fait pour les plus grandes crues d'eau, qui rendent souvent le lit de cette rivière très-large, et la font déborder, ainsi que la plupart de celles du pays, qui croisent subitement par la fonte des neiges.

canaux pour nous servir de parapets, et des saignées faites dans ces mêmes canaux, couvrent de plusieurs pieds d'eau le front de nos ouvrages. Depuis deux ou trois jours, le terrein gras imbibé ne permet pas à l'ennemi de s'en approcher, sans trouver la mort sous nos retranchemens.

On a établi la correspondance à l'extrême gauche, avec le 3e corps, par l'Ebre, au moyen d'un pont volant et d'un poste établi sur la rivière pour empêcher le passage.

Tel est le premier ensemble de notre ligne, depuis le 29 décembre. Le 25, l'ennemi a essayé de faire une sortie, qui a été repoussée avec perte de son côté.

La quantité de roseaux qui bordaient les canaux nous a été très-utile pour construire nos barraques, faire des saucissons pour soutenir nos retranchemens et élever nos batteries; dans un pays dénué d'arbres, nous aurions été fort embarrassés pour y suppléer.

Depuis le 31 décembre, le général Gazan, livré à lui-même, sans aucuns moyens de subsistance, sans aucuns secours pour les blessés, s'est occupé de pourvoir à l'un et à l'autre de ces besoins. On a établi des fours et des magasins à *Villa-Major* et à *Villa-Nueva*; on a formé des ambulances, on a trouvé des caves bien garnies, où l'on a mis des gardes, et où l'on fait des distributions copieuses. On est allé chercher des troupeaux dans les montagnes. Enfin, depuis quelques jours l'abondance règne dans les camps, surtout dans le nôtre, où, par l'activité et les soins de notre colonel, on a oublié les premiers momens où l'on avait souffert de la disette. Aussi peut-on dire que peu de siéges paraissent devoir être moins pénibles que celui-ci, quant aux besoins des troupes. Cependant le 3e corps a moins de ressources que nous, et bientôt nous serons obligés de l'entretenir de vin.

La seule chose dont nous manquions absolument, était le sel, et nous aurions été fort embarrassés de nous en procurer, si la nature n'en avait placé un magasin abondant tout près de Saragosse. Une colline entière de sel gemme se trouve sur la rive droite de l'Ebre, vis-à-vis le village d'Utebo. Mon colonel, en qualité de naturaliste, m'a envoyé à la recherche des ouvertures pratiquées pour l'extraire. Ce petit voyage, qui dura vingt-quatre heures, fut extrêmement pénible; d'abord je n'avais aucunes indications sur ces ouvertures. Nous trouvâmes qu'il n'y avait point de route, ni même de sentier, pratiqués sur le bord de l'Ebre; nous prîmes les hauteurs; bientôt nous nous égarâmes dans des montagnes arides, calcinées, grisâtres, couvertes d'efflorescences gypseuses, où des cabanes sans bergers, de vastes bergeries sans troupeaux, ne nous offraient aucunes indices pour notre route ; par-dessus tout, la crainte d'être attaqués par les *brigands* nous tourmentait (1). Nous nous résolûmes à redescendre vers l'Ebre, ce que nous fîmes au risque de nous rompre le col ; car vers le fleuve, ces montagnes, assez élevées, sont coupées à pics. Nous marchions depuis six heures, et nous étions un peu découragés ; cependant je pensai à la

---

(1) L'on doit être fixé sur la valeur du mot *brigand*, employé pour désigner les Espagnols qui ne voulaient pas reconnaître le roi Joseph, ni se laisser vexer et dépouiller par nous ; et qui aimaient mieux prendre les armes, abandonner leurs habitations, et vivre dans les montagnes, que de se soumettre à ses lois. De leur repaire ils tombaient à l'improviste sur tous les Français isolés, les massacraient, les poignardaient, leur arrachaient les yeux, leur coupaient le nez, les oreilles, les dépeçaient en morceaux, et commettaient toutes les horreurs que la vengeance, souvent appliquée sur des conscrits malades, sur des soldats blessés et mourans, peut faire imaginer. Nous étions souvent les vrais brigands, à la vérité ; mais dans leur vengeance, à l'exception des troupes réglées, les Espagnols se sont montrés barbares et dignes d'être comparés aux cannibales les plus féroces. L'indiscipline, le dénuement où l'on laissait les troupes, les idées qu'on faisait fermenter dans les têtes des soldats, la volonté tacite du chef du gouvernement, le caractère de certains généraux, voilà les causes d'une conduite qu'il n'était pas dans le caractère français d'avoir. Mais celle des Espagnols dépendait du peu de civilisation et de la barbarie de la masse de la nation.

honte de revenir sans avoir tiré aucun fruit de notre course; je me rappelai les hordes barbares que brava Mongo-Parck, le tigre royal de Bruce, les glissades de M. Ramond; je résolus de braver à mon tour le poignard des Espagnols et les précipices. Une heure après cette courageuse résolution, nous découvrîmes une petite maison isolée, avec une grande ouverture dans le flanc de la montagne; c'était là le but de notre voyage. La grotte d'entrée est peu considérable; elle se prolonge en une galerie très-longue, que nous ne pûmes suivre faute de flambeaux. Cette mine paraît être très-anciennement exploitée, ce qui me rappela le nom de *Salduba*, que portait le lieu sur lequel s'édifia *Cesaræa Augusta*. Le transport du sel se fait sans doute par l'Ebre, ce qui est plus commode, car on voit en face une espèce de plage, et d'ailleurs on n'arrive aux ouvertures, par terre, qu'avec les plus grandes difficultés. Le sel est d'un beau blanc ou grisâtre, et crystallisé comme celui de Wielicska en Pologne. Il serait curieux de savoir si ce dépôt salin se lie à d'autres dépôts semblables, tel que celui de Cardonne en Catalogne. Ce pays, sous le rapport de la géologie, est très-intéressant, et l'histoire des dépôts salins vers cette partie, doit être très-instructive. Nous ne pûmes nous rendre au camp que le lendemain assez tard; déjà l'on nous croyait, pour le moins, poignardés. Notre arrivée fut un sujet de joie pour tout le régiment; depuis trois jours nos soldats n'avaient pu saler leur soupe, et c'était pour eux la plus grande privation qu'ils pussent essuyer.

En voilà, j'espère, assez pour une fois; dans ma première, je prendrai les événemens au 2 janvier.

VALE.

Du camp devant Saragosse, le 15 janvier.

Je vais te parler, mon cher ami, des travaux de la rive droite. Dans la nuit du 29 au 30 décembre, on a ouvert la première parallèle; le 31, l'ennemi fit une sortie sur toute la ligne, pour nous chasser de nos travaux; mais elle fut repoussée. Cependant la cavalerie ennemie parvint à surprendre un poste établi le long de l'Ebre. Le général Palafox saisit cette occasion pour exciter l'amour-propre de ses soldats; il fit de cette action une affaire d'Etat, et il distribua solennellement des décorations à tous ceux qui s'étaient trouvé à cette affaire.

Le 2 janvier, le duc d'Abrantès vint prendre le commandement du siége, à la place du maréchal Moncey, appelé à d'autres fonctions. Par suite de son arrivée, le maréchal Mortier est parti avec la première division, pour Calatayud, afin d'établir la communication avec Madrid : elle se trouve, par-là, occuper sa première destination. Mais ce mouvement nous a affaiblis de huit à neuf cents hommes; les troupes ont été obligées de s'étendre. C'est la division Morlot, du troisième corps, qui a pris la place des troupes qui sont parties. Le 2 janvier, l'ennemi vint pour réparer l'affront reçu le 25 décembre, sur la rive gauche, et forcer la route de Barcelonne : il avait des forces assez nombreuses, et se présenta avec audace; le Gallego, assez bas, permit même à sa cavalerie de tomber à l'improviste sur un de nos postes avancés, qui fut presque entièrement haché. Mais bientôt après nous eûmes garni nos parapets; les tirailleurs se portèrent en avant, et le feu de nos batteries, qu'on dirigea à propos, fit regagner en hâte, aux Espagnols, leurs murailles : on se tirailla toute la journée. Le lendemain, ils vinrent chercher leurs morts sur des voitures, ce qui nous fit présumer qu'ils perdirent beaucoup. Notre officier d'artillerie fut blessé assez grièvement, ainsi que deux autres du 103e. Ce fut à peu près notre seule perte.

Revenons à la rive droite. Du 5 au 6, on a ouvert et achevé la deuxième parallèle, et ses communications. Trente pièces de canon approvisionnées étaient déjà dans le parc; tout se disposait pour l'attaque du couvent de Saint-Joseph, bâtiment considérable, détaché de la ville, et que l'ennemi gardait avec soin. La canonnade et la fusillade se faisaient entendre tous les jours. Le 10 ce bruit devint plus fort; il se continua le 11, et nous apprîmes la prise du couvent le 12 au matin. On y a trouvé des pièces de gros calibre, et fait quelques prisonniers. Il paraît que l'ennemi s'est défendu avec acharnement. Il a attaqué le 10 à minuit avec une grande audace; c'est la première fois qu'il nous donne une alerte de nuit; elle ne lui fut pas heureuse. Cette affaire a été très-brillante pour nous. On s'est occupé de suite à lier les ouvrages conquis du fort avec nos deux parallèles : on est ainsi très-près de la ville, et l'on s'occupe à établir de nouvelles batteries, pour battre la tête du pont de la Guerba.

Dans l'instant où je te parle, l'on m'apprend qu'on vient d'attaquer cet ouvrage, dont une demi-compagnie de voltigeurs polonais s'est emparé d'assaut. Les Polonais se battent à merveille. On a entendu tout le jour un tapage effroyable de l'autre bord, et l'on a jeté beaucoup de bombes.

La troisième parallèle est commencée depuis le 12.

Tu vois par-là, mon cher ami, combien nous sommes en arrière sur notre rive; cela vient sans doute du manque de moyens nécessaires; cependant l'on parle d'ouvrir la tranchée.

Les transports se font lentement, et presque tous à dos de mulets, poudre, boulets, bombes. L'on réunit les provisions ; il arrive journellement de l'artillerie : le grand dépôt est à Pampelune, d'où l'on expédie à Alagon, où nous avons des magasins.

Le 12, nous avons reçu de notre côté une proclamation du général Palafox, jetée par les avant-postes, écrite en six langues, par laquellle il engageait nos soldats à déserter et à se mettre sous ses drapeaux. Elle n'eut pas, comme tu peux le penser, beaucoup d'effet. Nos soldats n'ont garde de passer avec les Espagnols. Outre qu'ils ne les aiment pas, ils savent qu'ils n'auraient ni profit, ni bon temps avec eux.

Nos soldats ont ordre de ne point chercher à tirailler. Les Espagnols sont paresseux; il n'aiment pas à passer les nuits blanches, et nous en dormons mieux nous-mêmes. Mais le matin, après avoir pris leur chocolat, quelquefois après leur dîné, l'on voit arriver sur la ligne des paysans, rarement des troupes réglées, portant un fusil sous leurs *capes*, venir près de nos avant-postes, tirer sur nos sentinelles. Nous y sommes tellement habitués, qu'on ne leur fait pas l'honneur d'y répondre; mais s'il viennent trop près, nous les chargeons à notre tour, et il n'ont pas assez de jambes pour regagner leurs murs crénelés. On a aperçu, parmi eux, des moines blancs. Les déserteurs nous disent que ce sont les religieux qui gouvernent la junte, qu'ils exaltent le peuple, que tout le monde tremble sous leur domination, et que personne n'ose murmurer, crainte de leur vengeance; voilà ce que nous débitent les déserteurs. Il reste à savoir si ce n'est point pour flatter les idées qu'ils soupçonnent que nous avons sur les moines espagnols?

Je vais t'apprendre un fait qui te surprendra, et qui est vraiment remarquable. Un prêtre est sorti de Saragosse, vêtu de tous ses habits sacerdotaux, un christ dans la main, et s'est avancé jusques vers nos premiers postes; là, il a prêché nos soldats, leur disant, avec beaucoup d'onction, qu'ils soutenaient une mauvaise cause, et qu'au nom de Dieu et de l'Eglise il les engageait à quitter le parti de l'erreur, pour suivre, avec lui, celui de la vertu et de la religion. Son sermon n'a produit aucun effet; il prêchait à des sourds. Quelques coups de fusils tirés par nos sentinelles, qui ne le comprenaient pas, le firent rentrer en lui-même, et il se dépêcha de regagner les murs. Depuis cet essai, le zèle des ecclésiastiques s'est refroidi; on n'en voit plus. Il paraît que ce brave homme avait peu de connaissance des hommes, et surtout des soldats français.

Nous sommes établis dans l'enclos d'une petite chapelle, située sur une élévation au bord du Gallego, dont le terrein, entouré de murs qu'on a fait abattre à hauteur d'appui, fermé à gauche par un canal, forme comme un petit fort en face du pont. La plupart des officiers sont rassemblés dans la petite chapelle; on fait du feu au milieu, et, comme plus à notre portée, on commence par brûler l'autel et les saints de bois doré qui la décorent. Une fumée noire et huileuse, qui ne veut pas sortir par l'issue qu'on a pratiquée à la voûte, remplit cette chapelle. Un grand pot, toujours plein du meilleur vin, est à la disposition des assistans. Les uns se jettent sur la paille, et se réveillent de temps en temps pour boire : d'autres, plus dispos, passent tout le jour et souvent toute la nuit à une partie de mouche ou de brelan. Les bons ou les mauvais coups du sort, exprimés énergiquement d'un fort coup de poing sur la table, réveillent en sursaut les pauvres dormeurs, qui pestent de grand cœur contre le jeu. Ils boivent un nouveau coup pour faire passer leur mauvaise humeur, et les uns se rendorment, tandis que les autres battent les cartes. D'autres enfin mangent presque toute la journée, afin de passer le temps. Dans le camp, la cuisine va pendant les vingt-quatre heures; nos soldats mangent jour et nuit : ton ami a aussi un appétit dévorant. Pour faire la digestion, on fait chauffer de ce bon vin doux, qui approche du *Peralta*; cela égaie la conversation. Comme j'aime le grand air, je couche au bivouac;

là on a l'agrément d'être à tous les vents ; aussi la poussière et la fumée ont un peu noirci notre teint. Mais la nuit est le temps le plus incommode à passer. Il fait froid, et l'on se serre les uns contre les autres, comme des harengs dans un tonneau. Ce ne serait rien encore, mais comme on est toujours sur le *qui vive*, on se réveille au moindre bruit; il en est de trompeurs, mais souvent c'est une véritable fusillade, et tout le monde se met sous les armes. On se porte en bâillant sur la ligne ; quelquefois l'on en est quitte pour la peur; ou bien, l'on se tiraille pendant quelques heures, et on revient dormir avec deux ou trois voisins de moins.

Nous jouissons encore d'un spectacle intéressant lorsque le feu commence sur la rive droite ; alors, comme à la comédie, on se presse au premier rang pour voir la fusillade et l'effet des bombes, qui, du point de leur départ, décrivent une belle ligne de feu. Une douzaine à la fois dans l'air fait un superbe effet : l'on entend l'explosion qui a lieu avec un bruit effroyable dans les maisons de la ville, écrasant tout du toit à la cave. Des tourbillons de flammes s'élèvent de l'endroit où la bombe est tombée, et on applaudit à l'adresse du canonnier qui a dirigé le coup. Voilà, mon ami, le tableau de ma vie actuelle.

Tu vois par-là, mon cher Félix, que les soucis ne nous rongent guère, et que nous vivons parfaitement en gens qui s'inquiètent peu de l'avenir. C'est, en quelque sorte, comme il faut être dans notre état : prendre le temps comme il vient et vivre au jour le jour ; car qui peut répondre de sa vie d'une heure à l'autre ? Cependant nous pensons moins à la mort que vous autres bourgeois, et nous y courons en chantant. C'est une chose qui m'a souvent étonné, que de voir cette différence entre vous et nous. Qu'un danger quelconque menace votre existence, cela vous rend malheureux, vous ôte entièrement l'appétit et le sommeil ; et nous, qui ne pouvons pas disposer, sans folie, d'un moment de la journée, nous vivons avec une insouciance vraiment admirable, et qui n'est pas le résultat d'une raison philosophique, ni de l'habitude ; car le militaire d'un esprit borné et celui arrivé de la veille offrent les mêmes phénomènes. Il semble que cela se communique comme la petite vérole, en respirant. Les plus braves réfléchissent au danger sans trouble, les poltrons chassent toute idée fâcheuse qu'ils n'ont pas la force d'envisager ; d'autres enfin n'y pensent pas du tout ; ceux-ci sont assez ordinairement les vieux militaires : l'effet est toujours le même.

Chez le militaire, le danger des batailles est le plus prochain de son état ; il s'en affecte moins, en raison de ce rapprochement. Chez le bourgeois, s'il est menacé d'un danger éloigné de ceux de sa position, il s'en affecte plus en raison du plus grand éloignement. Celui qui s'en rapproche le plus est celui des maladies; les autres sont rares ou fortuits.

Mais, me dira-t-on, comment se fait-il que chez un militaire, qui n'est soldat que depuis deux jours, on voie déjà cette insouciance? Je crois qu'ici c'est l'exemple des autres, et l'impulsion donnée par l'air et les manières de ses camarades.

De plus, on ne peut nier que le physique n'influe beaucoup sur le moral; chez le militaire en bonne santé, son état de vigueur est en grande partie la cause de cette tranquillité d'esprit; car n'étant pas naturel de passer de la vie à la mort sans un intermédiaire, rien ne lui offre l'idée de la destruction. Mais est-il malade, de la fièvre, par exemple, il est beaucoup plus affecté qu'un bourgeois qui n'a, pour l'ordinaire, que ces sortes de maladies à redouter, et qui par-là même est familiarisé avec ce qu'elles offrent de dangereux. Un soldat s'affecte peu d'une blessure, et souffre avec courage une amputation douloureuse, tandis que le moindre mal-aise lui donne des idées lugubres. Au contraire, l'homme civil ne peut pas supporter celle d'une opération.

Adieu, mon bon ami, etc.

Du camp devant Saragosse, le 3 février 1813.

Depuis ma dernière lettre, mon cher Félix, les travaux se sont continués avec vigueur sur la rive droite. On a élevé de nouvelles batteries qui tirent sur l'enceinte même de la ville. La troisième parallèle est achevée ; elle s'étend du couvent de Saint-Joseph jusqu'à la tête du pont de la Guerba. On distingue vers cette partie trois attaques principales, dirigées contre la ville même ; celle de gauche, sur le château de l'inquisition et le couvent des Capucins ; celle du centre, à droite et à gauche de la Guerba, principalement contre la tête du pont ; et celle de droite contre le couvent Saint-Joseph, se liant avec celle du centre par de grands ouvrages. On se perd déjà dans tous les boyaux qu'on a construits.

On parle de la prochaine attaque du couvent de Saint-Engrace, et l'on dirige de fortes batteries contre la masse de ce couvent.

Du reste, tout va parfaitement jusqu'ici. Cependant, le 3ᵉ. corps manque de vivres : nous sommes, sous tous les rapports, beaucoup plus heureux que les troupes qui sont sur l'autre rive.

Les assiégés font tous leurs efforts pour repousser nos attaques. Un officier s'est offert à prendre et ruiner une batterie de mortiers qui faisait beaucoup de mal à la ville ; son exemple fut suivi par une centaine de soldats, et ils s'élancèrent audacieusement jusqu'à cette batterie, où presque tous périrent, après avoir essayé d'enclouer les mortiers.

Sur notre rive nous sommes au même point; l'on s'étonne que l'on n'ouvre pas la tranchée.

Depuis quelques jours on est informé qu'il s'organise des soulèvemens dans tout l'Aragon (1). Les villages ont ordre de s'armer; on voit des feux, la nuit, sur les montagnes; l'on aperçoit des signaux sur plusieurs points, qui correspondent avec ceux de la ville. On a arrêté des barques pleines de fusils. Enfin, beaucoup de faits semblables indiquent qu'on veut nous inquiéter et faire lever le siége. On a déjà pris quelques mesures à cet égard, et envoyé des reconnaissances sur plusieurs points; voici les principales.

Expédition du général Wathier.

Ce général, avec de la cavalerie et deux bataillons d'élite, fut envoyé à Alcagniz, jolie ville

---

(1) Les Aragonnais, surtout ceux qui avoisinent les Pyrénées, presque tous contrebandiers, tirent parfaitement, sont fort lestes, et habitués à une vie errante et pénible; de tels hommes sont bien vite soldats. Vers Valence, le peuple a moins d'énergie.

assez considérable, à dix-huit lieues de Saragose, pour nous couvrir sur Valence et observer les montagnes vers cette partie. Les habitans nous refusèrent l'entrée, et nous tuèrent quelques hommes, à ce qu'on m'a assuré : ce fut le signal de l'attaque; la ville fut enlevée de vive force, traitée comme prise d'assaut, et livrée au pillage, qui dura tout le temps que nos troupes y restèrent, c'est-à-dire plus d'un mois. Ce fait n'a pas besoin de commentaires.

Expédition de M. l'adjudant-commandant Gasquet.

Le principal danger paraissait être sur notre rive. M. Gasquet, chef de l'état-major de notre division, partit avec un bataillon d'élite, cinquante hommes de cavalerie, et se porta sur la *Perdiguera*. L'adjudant-commandant *Delage* dut se joindre à lui; il commandait le 10ᵉ. de hussards et trois pièces d'artillerie. On trouva l'ennemi, qui s'y rassemblait de temps en temps depuis le 8 juin. Il était fort de deux mille hommes d'infanterie et de deux cent cinquante chevaux. M. Gasquet l'attaqua, lui tua soixante hommes, le dispersa, et revint par *Licignena*, *Zuera* et *Villa-Nueva*.

Le 22, le maréchal Lasnes, duc de Montebello, est arrivé pour prendre en chef le commandement du siége. Il a établi son quartier-général *aux Ecluses*. Le duc d'Abrantès avait, dès le premier jour, le sien sur le Monte-Torrero.

Le maréchal Mortier et la division Suchet viennent de quitter Calatayud pour revenir au siége, sans doute par suite de l'arrivée du maréchal Lasnes. On dit que ce dernier commande en chef. Jusqu'ici le commandement n'a pas été bien déterminé. Il ne faudrait qu'un seul chef; les choses iraient mieux.

Les habitans de *Huesca*, *Almudevar*, *Castejon*, réunis à ceux de *Licignena*, *la Perdiguera* et *Pina*, commandés par le général Perenna, paraissant vouloir nous surprendre, on a pris, sur notre rive, les précautions les plus rigoureuses. On s'est préparé à repasser le *Gallego;* on a construit des batteries à Barbettes avec la plus grande précipitation; enfin nous venons d'avoir un moment de terreur panique, que ne méritaient guère quelques milliers de paysans mal armés, qui certainement avaient plus peur de nous, que nous ne devions en avoir d'eux. ... Mais on ne saurait avoir trop de prudence, et l'excès même en est rarement blâmable. D'ailleurs *nous autres Français ne péchons pas ordinairement par-là*. L'arrivée de la 1ère. division nous a tirés de l'inquiétude où nous étions. Tout le monde s'est mis en campagne, artillerie, cavalerie et presque toute l'infanterie du corps d'armée. M. le maréchal Mortier, aussi zélé qu'un officier qui veut faire son chemin, a voulu commander l'expédition lui-même, honneur que ne méritaient pas nos adversaires. M. Gasquet marchait sur un autre point : il rencontra l'ennemi, qui fuyait sans doute M. le Maréchal, et lui tua 500 paysans; mais le fruit le plus important de sa course, fut de ramener de nombreux troupeaux de Mérinos, dont on mange ici, sans respect pour la race. L'ennemi esquiva monsieur le maréchal, effrayé de la masse imposante qu'il commandait. Il est à présumer que son Excellence avait eu de fausses données sur son nombre et sa composition. Au reste il me semble que le moyen de surprendre et de disperser des rassemblemens de cette espèce, que l'on doit peu redouter pour des coups de main, c'est de les tourner avec des partis peu nombreux, marchant vite et sans train sur des points donnés.

Nos sorties ont pensé nous être funestes : si les assiégés avaient été mieux instruits et plus entreprenans, ils auraient pu s'emparer de nos lignes, qui n'étaient gardées que par deux régimens ; ils perdirent là une belle occasion. Peu après son arrivée, M. le maréchal Lasnes fit visiter notre rive, et jugeant quelle était l'importance de la prise du faubourg pour déterminer celle de la ville, il ordonna qu'on reconnût le terrein, et qu'on se disposât à ouvrir la tranchée. M. le général Lacoste vint lui-même pousser cette reconnaissance, et le 25 à la nuit, nous nous portâmes en avant pour nous emparer des postes avancés espagnols, et établir une ligne plus rapprochée. On travailla toute cette nuit à rapprocher les batteries, à faire de nouveaux retranchemens et à inonder leur front. Dans cette nouvelle ligne, nous sommes tellement près des ennemis, que les balles tombent dans notre camp et blessent nos soldats au coin du feu. La nuit, dans nos bivouacs, nous sommes quelquefois réveillés par un boulet qui traverse nos frêles barraques de roseaux; enfin à tout moment nous pouvons nous attendre, en mangeant la soupe, à voir éclater un obus dans la gamelle.

Nous commençons à peine notre travail, et déjà celui de la rive droite est tellement avancé que des batteries sont établies dans la ville même. L'on s'est battu fortement tous ces jours-ci; l'on a vigoureusement poussé les attaques, surtout le 27, qu'on s'est emparé du couvent des Capucins. Après la prise de celui de Saint-Joseph, on s'empara des redoutes qui défendaient le corps de la place; on y trouva beaucoup d'artillerie. On travailla ensuite à s'emparer des maisons; mais pour y parvenir, il fallait les miner et les faire sauter les unes après les autres, percer leurs murs, et avancer ainsi sur leurs décombres, gagnant un jour cinq à six maisons, un autre un couvent ou une église. On a établi au milieu de ces ruines des rues intérieures pour conduire les pièces et les munitions; enfin on a élevé des batteries dans les rues et sur les ruines des édifices. C'est une nouvelle manière de prendre les places. Le génie a dû être forcé d'abandonner les anciens systèmes pour chercher de nouvelles manières d'attaquer. Celle-ci est très-périlleuse; il est déjà resté dans ces routes souterraines une grande quantité de mineurs et de sapeurs. Les Espagnols défendent pied à pied leurs maisons; on se tiraille d'un côté à l'autre des rues. Leurs extrémités, tous les carrefours sont garnis de redoutes et d'artillerie. On s'était emparé d'une église; sept ou huit Espagnols se réfugièrent au clocher, et ne voulurent jamais se rendre; ils avaient avec eux des vivres, des munitions, et pendant quelques jours ils ont blessé plusieurs soldats avec des grenades qu'ils ne cessaient de jeter du haut. Le 30 janvier on avait, sur l'autre rive, un cinquième de la ville. Nos soldats ne s'enrichissent pas de leurs conquêtes : on trouve ces maisons toutes vides; les Espagnols n'y laissent rien.

Il m'est impossible de te donner le détail de tout ce qui se passe sur la rive droite; je te dirai seulement que, plus engagé dans la ville, on peut mieux voir la manière dont les Espagnols combattent. Les religieux, les femmes sont aussi contre nous : l'on voit souvent à la tête des détachemens, des moines, le sabre d'une main, le crucifix de l'autre, affronter mille morts; et des femmes, au milieu d'une grêle de balles et de grenades, servir les batteries, encourager et animer les soldats.

Dans la nuit du 30 janvier au 1er février, vers les dix heures, mon bataillon, dirigé par le commandant de génie M. *Larcher*, se porta en avant de notre ligne pour ouvrir la tranchée. On nous appuya contre une superbe digue qui semblait se trouver là pour nous mettre à l'abri. A droite et à gauche de la route, derrière nous, les travailleurs ouvrirent la première parallèle, appuyant à gauche à l'Ebre, à droite à des masures et à une inondation. Nous ne fûmes point inquiétés dans notre ouvrage, malgré que nous ne fussions qu'à un jet de pierrè du couvent de Jésus, et c'est peut-être la première fois qu'on a vu ainsi ouvrir la première parallèle sous les fenêtres des assiégés.

Les nuits suivantes nous avons continué nos travaux, et ouvert la seconde parallèle; actuellement l'on travaille à élever des batteries de siége pour battre le couvent. Le 103e. se distingue parmi tous les régimens du corps d'armée, par son zèle et sa patience ; nos soldats sont deux et trois nuits de suite soit de tranchée, soit de garde. C'est un métier de chien. Cependant tout le monde se porte bien, et assez généralement, à l'exception d'un rhume, on ne peut craindre qu'une mort subite.

Le général Lacoste vient d'être tué en voyant l'effet d'une mine. Quel dommage qu'un homme d'un aussi grand mérite soit mort ainsi à la fleur de son âge! Quand on est parvenu à de certaines places, on devrait être immortel. M. le colonel Rogniat a pris le commandement du génie à sa place.

Je vais, puisque tu le désires, te donner l'idée d'une nuit de tranchée. Mais figure-toi que celles que nous passons ici ne sont rien en comparaison de ce qu'elles sont dans d'autres siéges. Si les Espagnols étaient d'autres gens, ils auraient pu nous chasser plusieurs fois de nos boyaux, abîmer nos ouvrages et nous tuer beaucoup de monde. Autant ils ont de ténacité et de force derrière leurs murailles, autant ils sont peu hardis et entreprenans pour nous attaquer. Mais on peut dire aussi, pour disculper le général Palafox de ce qu'il ne commande pas de sorties ; que cet assemblage de paysans armés n'inspire pas grande confiance, et que l'on craint qu'ils ne désertent pour retourner chez eux. La maladie s'y oppose aussi.

Il s'agit, pour ouvrir la tranchée, de faire sous le feu de l'ennemi, pendant la nuit, un fossé, et élever de la terre assez haut pour être à couvert de ses balles lorsque le jour arrive. On travaille dans le plus grand silence, afin de n'être pas soupçonné. Si l'on vous entend, on reçoit de la mitraille, ou bien l'on est chargé par les assiégés; ce qui fait que les soldats, crainte de semblables mal-encontres, se dépêchent de faire leur trou. Il faut voir avec quel zèle ils travaillent, ne donnant pas un coup de pioche pour leurs voisins : on n'entend personne cracher ni tousser, crainte de la fusillade. Quand une fois ils sont à couvert, ils travaillent avec peine, et la moitié s'endorment.

Tu te perdrais dans toutes les tranchées et les boyaux qu'on a construits; c'est un vrai labyrinthe. On élève des batteries sur les différens points, et tellement près du faubourg, qu'il sera criblé quand on en fera l'essai. Tout se prépare pour l'attaque du couvent de Jésus. Ce sera le sujet de ma première lettre.

VALE.

Attaque du 8 février et prise du couvent de Jésus.

Du camp devant Saragosse, le 14 février.

Ce couvent est un bâtiment considérable, situé en avant du faubourg, à gauche de la route de Barcelone. Les moines intrépides qui l'habitaient ne l'ont quitté que le jour de sa prise. Ils venaient se promener et nous examiner tous les jours d'une galerie qui est au haut d'une aile du bâtiment. Tout étant disposé pour l'attaque, l'on poussa, la nuit qui la précéda, un chemin oblique, depuis notre seconde parallèle jusqu'à trente toises environ du couvent. Par ce chemin débouchèrent nos soldats. Les batteries se dirigeaient partie sur le quai, la ville, le pont et une grosse batterie que les ennemis ont tout près, partie sur le couvent même, afin d'en chasser les Espagnols et de s'y loger.

Le 8 au matin, le colonel du 28e. régiment d'infanterie légère étant de tranchée, le général Gazan ordonnant les mouvemens, entre neuf et dix heures l'artillerie commença à jouer. Les boulets de vingt-quatre faisaient, à une si petite distance, un fracas affreux. Bientôt le corps entier du couvent fut criblé. On y fit une brêche considérable, afin d'y entrer d'emblée, sans être obligé de forcer les portes, ce qui eût pris du temps. Les obus, les boulets en durent chasser les assiégés, et au bout de trois heures on cria *en avant* aux compagnies placées dans les boyaux, d'où on les vit déboucher par celui fait la veille, et courir sur le couvent. L'ennemi nous mitrailla d'une redoute située à notre droite; malgré cela on fut en un clin-d'œil à la brêche, et on occupa l'édifice. Dès-lors le but était rempli; l'ordre était de s'arrêter là; mais, emporté par son zèle, un officier du 28e. avec quelques voltigiteurs s'emparèrent de la redoute qui nous avait mitraillé. N'étant pas soutenus, ils furent faits prisonniers; plusieurs parvinrent cependant à s'échapper; on vit même l'officier se débattre, se tirer des mains des ennemis; déjà il était hors de leur pouvoir, lorsqu'il reçut une balle qui l'étendit mort.

La nuit fut employée à faire une double sape pour communiquer de la seconde parallèle au couvent, et nous garantir des feux de l'ennemi, qui se croisaient sur ce point.

Elle se passa sur le *qui vive;* l'obscurité, le voisinage de l'ennemi, les coups de pioche des travailleurs, qui semblaient creuser des tombeaux, les cadavres sur lesquels on trébuchait en marchant, la terre couverte de gens étendus, endormis, qui, dans un tel moment, paraissaient plutôt morts, tout cela formait un ensemble imposant et lugubre pour ceux qui veillaient. J'étais du nombre, j'entrai dans le couvent, c'étaient de nouvelles scènes d'horreur ; de grands corridors à traverser, où l'on marchait à tâtons ; un silence glacial, des flammes qui s'élevaient de temps en temps, des feux mal éteints qu'on avait faits dans les cours, tout cela vous crispait les nerfs. Cette lueur, avant de vous plonger dans l'obscurité, vous faisait apercevoir de grands tableaux sur les murailles, dont les figures sinistres vous rappelaient les ombres du Ténare.

Au milieu de toute cette horreur, le colonel du 28e. allait partout, visitait tous les postes, et montrait l'activité d'un jeune homme. Tu sauras cependant, mon cher ami, que c'est un guerrier blanchi sous les armes. A peine pouvait-il se traîner ; les décombres, l'obscurité, rien ne l'arrêtait; il ne paraissait soutenu que par son seul courage. Il est tellement habitué à la vie militaire, qu'il ne peut pas la quitter; il veut mourir aux champs de la gloire en embrassant son épée (1).

---

(1) Cette conjecture ne s'est que trop réalisée. Ce brave officier supérieur a été tué à la bataille d'*Albuera*, et les circonstances de sa mort sont bien dignes de sa vie. Le colonel Prefk était malade de la fièvre, et voyageait dans la voiture de M. l'intendant général, lorsqu'on entendit les premiers coups de canon. Il ne put à ce bruit se souffrir loin du champ de bataille. Il se fit amener son cheval, et bientôt après on le vit paraître

Le matin, l'ennemi réveilla les dormeurs par quelques obus qu'il nous envoya, et vint tirailler sur la ligne. Je dois t'observer, en passant, que les Espagnols tirent très-bien. Ils ont des fusils de rempart qui portent très-loin. Sitôt qu'on montre sa tête au-dessus du retranchement, on est sûr de recevoir des coups de fusil qui vous frisent de près.

Nous parcourûmes le couvent, et nous vîmes qu'il avait servi d'hôpital aux assiégés. Il était très-beau, et l'église fort riche. Mais le soldat, par l'appât du gain, ou pour faire du feu et mieux encore, pour détruire et faire le mal, a bientôt eu tout bouleversé : portes, fenêtres, tableaux, autels, tout fut brisé. J'ai raison de dire qu'il *était,* car quelques heures ont suffi pour le mettre en ruine. Un sapeur trouva un petit crucifix d'or, qui pesait plus d'une livre.

Mais parlons d'autres choses ; je veux dire de la bibliotheque et de la chambre funéraire des moines. Aussi-bien cela fera diversion, et nous laisserons, pour un instant, les scènes de désastre pour philosopher. Une réflexion qui doit faire

---

à la tête de notre brigade. Il ne sentait plus son mal. Il parcourut les rangs, et sa présence inspira la confiance a nos soldats. Mais à peine eut-il paru, qu'un coup mortel l'atteignit. Sa perte fut vivement sentie de nos deux régimens. Il était le père de ses soldats, qui lui donnaient en effet ce titre.

beaucoup de peine à tout militaire un peu pensant, je ne dis pas un peu instruit, c'est de voir que nous ne respectons rien pendant la guerre. Si comme ce calife qui fit brûler la bibliothèque d'Alexandrie, nous n'ordonnons pas de pareilles barbaries, du moins notre insouciance à empêcher le mal dans les mêmes circonstances est impardonnable. On dirait souvent que nous sommes des Vandales, et que nous faisons la guerre aux sciences et aux arts. Cette conduite de nos troupes accompagnera fort mal la réputation dont notre patrie jouit dans ce siècle par les travaux d'un grand nombre de nos savans qui ont si fort avancé les différentes branches des sciences.

Il y avait dans ce couvent une superbe bibliothèque, très-considérable, contenant, au milieu d'une foule incroyable d'ouvrages puériles, mystiques ou de chicane, beaucoup d'ouvrages précieux et de manuscrits anciens très-intéressans. Tout a été dilapidé au bout de quelques heures : les soldats ont pris, l'un un volume d'une superbe Bible, l'autre quelques pages d'un manuscrit antique, pour allumer le feu de leur pipe. On à brûlé ou dépareillé les ouvrages; enfin tout a été bientôt perdu.

J'y ai vu une quantité de livres sur des disputes théologiques, tous les commentateurs de la Bible et des Sts. Pères, les Vies de tous les Saints des Traités de la Foi, dédiés *à notre illustrissime seigneur J.-C., fils de Dieu ;* d'autres, *offerts à la Vierge ou à des saints ;* toutes les histoires des conciles. Pour compenser, l'*Encyclopédie*, grande édition ; *le Dictionnaire des Arts et Métiers, de l'Académie*, presque seuls livres français; toutes les éditions les plus rares et les plus recherchées de la Bible, quelques-unes manuscrites, sur papier vélin, avec vignettes, du plus grand prix ; celle *polyglotte du cardinal Ximénès*, l'édition d'*Alcala de Hénarès*, et celle d'*Arias Montanus ;* les historiens et les chroniques nationales ; quelques livres sur les sciences, traduits du français ou de l'italien ; les plus belles éditions des poëtes et historiens grecs, latins, espagnols ; quelques ouvrages de la vieille philosophie. Quant aux sciences et arts, quelques bouquins.

Personne ne pensa à faire mettre une sentinelle à la porte de cette bibliothèque. On aurait dû y choisir des ouvrages et des manuscrits précieux pour celle de Paris, et conserver le reste pour la ville. Sans doute la collection des manuscrits originaux et des pièces diplomatiques entre l'Espagne et les souverains de l'Europe, aura subi le même sort que celle-ci et que celle du couvent des Capucins.

J'ai été frappé en voyant la salle où les religieux enterrent leurs morts. Elle est parfaitement semblable, aux dimensions près, aux *catacombes* des Romains, où ils avaient des places pour eux et leurs affranchis. Cet usage vient évidemment de ce peuple antique. Ces salles sont assez vastes, peu éclairées, très-souvent souterraines; dans ce cas, elles sont voûtées. Les murs sont garnis de niches en forme de voûte dans leur partie supérieure, rebouchées soigneusement avec du plâtre, et contenant un cadavre préparé.

Nous ne sommes séparés de l'ennemi que par un espace entre deux murs, large de cinq à six toises. Les sentinelles se guettent par les meurtrières. Entre les deux murs il y avait plusieurs corps morts non dépouillés, mais personne n'osait se hasarder à les fouiller. Une femme espagnole, plus hardie, vint en enlever deux et les dépouiller, en bravant nos soldats. Il en restait un; on lui voyait deux montres; la femme revint encore un matin, avec un sang froid admirable; mais les gardes du jour, moins complaisans que les autres, la firent décamper en lui envoyant quelques balles, qui cependant ne l'atteignirent pas. Ce n'est point, au reste, la seule femme de ce genre: les déserteurs nous disent que beaucoup d'autres servent les batteries, et mettent elles-mêmes le feu aux canons.

On cite, entre autres, la femme d'un caporal d'artillerie, nommée *Augustina*, qui sert celle où son mari est employé, et qui a si bien appris à pointer, qu'elle est devenue aussi habile que lui. Plusieurs autres femmes de différens états servent aussi des batteries, mais sont moins connues qu'elle. Toutes ces héroïnes ne sont cependant rien auprès de la comtesse de B***, sœur de la marquise de A**, qui se trouve partout, encourage le soldat, et semble être Bellonne elle-même, descendue de l'Olympe pour soutenir la cause des assiégés. Je voudrais bien me trouver en présence avec cette fière comtesse, qu'on dit d'ailleurs belle et d'un grand caractère.

Depuis la prise du couvent, on n'a cessé de travailler à l'attaque projetée du faubourg. On élève toutes les batteries nécessaires; on dispose tout. On a suffisamment de munitions. Le général Junot, duc d'Abrantès, profitant d'un jour où, par l'absence des deux maréchaux, il se trouvait commander le siége, vint nous visiter dans le couvent; il a un nombreux et brillant état-major.

J'ai souvent admiré la patience et le zèle des officiers d'artillerie et de génie. Ils sont nuit et jour à la tranchée. Aussi l'on peut dire avec justice qu'il est impossible de montrer plus d'activité et de mieux mériter qu'eux.

Il déserte souvent des soldats ennemis; presque tous sont des Suisses; à peine est-il déserté deux Espagnols. Hier encore il vint à nos avant-postes une garde entière de cinquante hommes, armes et bagages, l'officier à leur tête. Ils nous assurèrent que la ville était partagée en deux factions; que les moines dirigaient tout; que le général Palafox est un fort aimable homme, chéri de ses soldats, et qu'il ne fait rien sans l'avis d'un religieux nommé le *père Basyle*.

Du camp devant Saragosse, le 23 février.

Attaque du 18 *février, prise du faubourg.*

Le 18 au matin, toutes les troupes prirent les armes, et se portèrent dans les tranchées. L'attaque principale était à gauche de la route de Barcelone, de chaque côté du couvent de Jésus. A droite de cette route, on n'avait qu'une sappe volante à exécuter, afin de s'approcher de la grande redoute de droite de l'ennemi. Notre feu était particulièrement dirigé sur la masse du faubourg; le but étant d'en chasser les Espagnols et de faire cesser le feu de leurs batteries. Quatre gros mortiers tiraient sur Notre-Dame del Pilar; six pièces de vingt-quatre tiraient sur le quai et sur le pont.

Tous les boyaux étant garnis, tout étant prévu, le feu des batteries commença à la fois et continua à volonté. Près de soixante bouches à feu lancèrent en même temps la destruction et la mort dans le faubourg, et la terreur dans le cœur des Espagnols.

Il n'est pas aisé de te donner une idée vraie d'un pareil moment. Suppose-toi, dans le jour d'un orage affreux, être assis sur les nues où roule le tonnerre, et entendre à tes oreilles les coups redoublés de la foudre, tu n'auras qu'une faible idée de ce vacarme horrible et majestueux. L'on entendait à la fois les coups pressés des canons, le tintement aigu des mortiers, le sifflement des obus ennemis, le déchirement de la mitraille, la bombe éclatant avec un bruit effroyable et embrasant les maisons. La diversité des sons, l'idée de mort attachée à chaque coup, la fumée épaisse, l'odeur de la poudre, les flammes des maisons, les cris des blessés, la vue des morts, tout formait en un même moment un spectacle imposant et terrible. L'horreur en était augmentée par un silence glacial qui succédait de temps en temps et contrastait vivement avec ce bruit, dont la terre tremblait. Cette musique infernale, malgré tout ce qu'elle a d'affreux, a je ne sais quel charme aux oreilles d'un soldat lorsque la première sensation est passée. Elle enlève, exalte le cœur d'un guerrier, et redouble son courage.

Le feu fut soutenu de cette manière plus de deux heures et demie; nos tirailleurs avançaient:

le feu de l'ennemi ; d'abord assez vif cessa. C'était à mon bataillon à marcher; dirigé par M. le capitaine *Clergé*, commandant les sapeurs de notre corps d'armée, nous avançâmes compagnie par compagnie. Nous nous emparâmes d'abord d'un moulin situé à l'extrême gauche, qui nous coûta beaucoup de monde, étant exposés au feu du quai opposé, puis d'une maison dont on perça le mur pour tourner celle qui suivait (1), et de là entrer dans une huilerie qui fut jonchée de cadavres espagnols et de beaucoup des nôtres. Toujours soutenus de notre artillerie, nous avançâmes de maisons en maisons par des passages étroits, où deux fusils braqués suffisaient pour arrêter nos efforts. (A cette occasion je vais te rapporter un fait qui me glaça le sang dans les veines, et qui fait voir à quoi

---

(1) Voici un fait qui peut faire connaître le caractère de fermeté et d'exaltation des Espagnols. Un jeune homme que l'on fit prisonnier dans cette maison, et qui n'était soldat que depuis le siége, avait tant de calme et était si décidé, qu'au milieu des cadavres de ses camarades, dans un moment où tout le portait à craindre d'être lardé de coups de bayonnette, il mangeait tranquillement des pois qu'il avait dans ses poches. Il demanda d'un air fier et sans condescendre à la prière, à un officier, qu'il lui fasse rendre sa capotte, qu'un de nos soldats lui avait prise, sans quoi il s'en plaindrait au général.

tient dans ce monde notre existence, et si nous ne sommes pas les frêles jouets du hasard. Arrivés à une porte étroite qui donnait dans un corridor, nous fûmes arrêtés court par deux Espagnols placés à droite et à gauche, et qui tiraient obliquement, en croisant leur feu. *Quel est l'homme hardi qui eût osé passer le premier?* Je fis mettre des soldats placés comme eux, et de chaque côté on déployait son adresse pour tuer son ennemi. On avait tiré plusieurs coups sans succès, lorsqu'un officier du régiment, M. *Bonard*, ayant trouvé une issue par le haut de la maison, descendit dans le corridor où étaient les Espagnols, qui, le croyant suivi, s'enfuirent par l'autre bout. La fumée ne nous permit pas de le distinguer. Cet officier voulant rentrer de notre côté, s'avança à la porte : les soldats, le prenant pour un Espagnol, se mirent en devoir de tirer sur lui; un d'eux le met en jour, presqu'à bout touchant; il lâche la détente, l'amorce ne prend pas, et l'on reconnaît cet officier, qui lui-même n'avait rien vu à cause de la fumée. Je t'avoue que j'éprouvai une révolution difficile à rendre, et je ne pus m'empêcher d'admirer le miracle qui l'avait sauvé; car ce soldat avait peut-être tiré trente coups de fusil, et celui-ci seul, par un hasard heureux, ne partit pas). On perçait les murs lorsqu'on n'avait point d'issue. Tournant ainsi toutes les batteries ennemies, rendant toute leur ligne de défense inutile, on parvint jusque dans la cour du grand couvent de la Mercy, ou de Saint-Lazarre, situé du côté gauche du pont.

M. Clergé dirigeait tout avec ce calme qui l'inspire aux autres, et qui est le signal de la vraie bravoure.

Jusqu'ici tout fut l'ouvrage des trois premières compagnies du bataillon; une autre vint nous joindre, et peu après une du 28e. On se détermina à percer le mur de l'église pour y entrer. Du haut de la voûte, on nous blessa plusieurs soldats; les blessures se trouvaient perpendiculaires. Rien n'est si dangereux que cette manière de faire la guerre dans les maisons : l'on nous tirait de tous les côtés, on se fusillait dans les chambres, aux portes, sur les escaliers; l'on parcourut ainsi le couvent. En sortant de l'église, au milieu d'une épaisse fumée, nous apperçûmes une femme tenant un enfant dans ses bras, qui descendait l'escalier; à peine eut-elle franchi la dernière marche, qu'elle tomba criblée de nos balles et de celles de l'ennemi, ainsi que son fils, encore à la mamelle. L'humanité nous abandonne, mon cher Félix, dans de certaines circonstances; à peine, dans l'instant, fit-on attention à ce spectacle!....

En sortant du couvent nous trouvâmes une petite pièce braquée sur la rue et la fermant; nous en avions déjà trouvé plusieurs dans les autres rues ou dans les cours des couvens. Nous découvrîmes la tête du pont ; nous y volâmes au nombre de six ou sept officiers ; nous fûmes bientôt suivis de nos soldats, et l'on s'occupa de la retrancher avec des sacs à terre, et d'élever un parapet pour se garantir de la mitraille qu'on nous envoyait de deux pièces situées au-dessus de la porte de la ville. Dès-lors le faubourg fut à nous. On trouva peu de monde dans les maisons ; mais sur le bord de la rivière, dans la plaine, une multitude de soldats et de paysans, qui n'avaient pu passer le pont à temps, jetés par nous sur notre droite, se rendirent à la première brigade, au nombre d'environ trois mille. Deux barques chargées de monde parvinrent à gagner l'autre bord, garni des témoins de notre victoire ; elles furent vivement canardées.

Trois à quatre mille prisonniers, seize pièces de canon, le faubourg pris, furent les résultats de cette journée, où l'on devait s'attendre à plus de résistance de la part de l'ennemi, et à trouver des troupes en bataille pour nous arrêter sur les places et au pont. Il paraît que la terreur était à son comble, soit par l'effet du bombardement du matin, soit par la manière imprévue dont on les attaqua. Cette affaire est donc plus brillante par ses résultats que par sa difficulté, non qu'elle ne le fût beaucoup en elle-même, mais elle fut bien diminuée par la manière habile dont on s'y prit, qui, en détruisant tous les moyens de défense de l'ennemi, l'étonna, le confondit, de sorte qu'avant de pouvoir se mettre en mesure, toute sa ligne était tournée. Il nous attendait à une attaque de front; là il eût été fort. C'est au général Gazan a qui est dû l'honneur de la journée, où moins de six cents hommes ont enlevé ce faubourg, défendu par plus de six mille et par beaucoup d'artillerie.

L'on prétend que le maréchal Lasnes voulait qu'on attaquât par tête de colonne, ce qui aurait mis l'ennemi dans tout son avantage, et que le général Gazan répondit à son Excellence, qu'il prenait tout sur lui. *Dans ces deux manières d'attaquer, l'on voit la différence de l'impétueuse audace à la bravoure réfléchie.*

Notre perte fut considérable en soldats, par rapport à notre petit nombre; mais elle le fut peu en officiers. L'on doit une justice à nos soldats; ils ne se montrèrent pas aussi sanguinaires dans cette occasion, que l'on aurait pu le croire, et reçurent de quelques chefs le beau reproche de *n'avoir pas assez tué d'Espagnols.*

J'ai vu dans cette journée un fait qui ne sortira jamais de ma mémoire. Pendant que la mitraille et les balles tombaient comme la grêle sur le quai, nous vîmes une vieille religieuse sortant de son couvent, où elle était restée seule. Elle s'avança, tenant un crucifix dans ses mains. Elle paraissait avoir soixante-dix à quatre-vingts ans; sa tête était couverte de cheveux blancs, qui, joints à l'air parfait de sérénité et de calme qui régnait sur sa physionomie, à son costume religieux, faisaient un contraste frappant avec l'horreur du moment. Elle demandait d'un air touchant, tranquille, qu'on la laissât passer le pont; elle paraissait ne pas faire attention à la mort qui l'entourait de toutes parts : le bruit, la vue des cadavres ne lui causaient aucune émotion; on eût dit qu'elle était soutenue par une puissance divine. Tu ne peux concevoir l'effet que fit sur moi la vue de cette bonne religieuse. Cette sérénité qui brillait sur sa figure, avait quelque chose de si imposant, qu'on eût dit qu'un rayon de la divinité l'animait, et vous imposait une sainte admiration. C'est bien une preuve, mon cher Félix, de la force que donne la religion à ceux qui l'observent, sans chercher à sonder ses mystères par une coupable curiosité. Elle fut conduite au général, et enlevée au danger qui la menaçait.

Nous fûmes relevés par des troupes fraîches; tu peux penser que je dormis bien, après les fatigues que nous avions essuyées, m'estimant heureux de n'avoir pas été endormi *jusqu'à la résurrection des êtres.*

Le lendemain, lorsqu'on se disposait à continuer les travaux, on reçut un parlementaire du général Palafox; il voulait temporiser; les propositions furent rejetées. Le 20 nous parcourûmes le faubourg, et sur l'autre rive on continua les travaux. Plusieurs mines étaient prêtes à jouer pour le lendemain et auraient produit un effet terrible; mais les assiégés ne l'attendirent heureusement pas. La junte envoya une députation pour traiter de la capitulation. Le maréchal Lannes, qui ne voulait pas de longueurs, la somma de rendre la ville à discrétion, ou qu'il ferait donner l'assaut. Effectivement, nous étions en mesure; car pendant notre attaque du faubourg, les troupes de l'autre rive s'étaient emparées des maisons jusqu'au quai opposé au nôtre; nous n'avions que le pont à passer pour nous réunir à elles, et le reste de la ville avait tout à craindre.

Le 21, nous avons occupé tous les postes; la garnison a défilé hors de la place et déposé les armes devant l'armée. Ainsi, après deux mois de siége, dont cinquante-deux jours de tranchée ouverte devant la ville, dix devant le faubourg, et vingt-quatre de combats dans les maisons, cette place, qui devait ne nous retenir que quelques jours, s'est enfin rendue. Elle nous a forcé à rester sous ses murs autant de temps que sous les fortifications d'une place de premier ordre, et ne s'est soumise qu'à la dernière extrémité. Les habitans et les soldats sont à moitié morts de fatigues et de maladies. Une épidémie terrible règne au milieu d'eux, et en fait périr un grand nombre. Mais n'allons pas plus loin aujourd'hui; dans ma première, je te parlerai du faubourg, de la ville, et de leurs habitans. Adieu.

Du camp devant Saragosse, le 26 février.

Des maisons criblées par les boulets, écrasées par les bombes, d'autres encore fumantes, quelques-unes, çà et là, échappées à la destruction; des cadavres infects dans toutes les rues, encombrant les caves, les escaliers, ou cachés sous les ruines; les rues barrées par des décombres ou par des fossés; voilà l'image du faubourg à la rentrée de ses habitans. Le 21 au matin, ceux qui avaient échappé au siége, sortirent de la ville pour rentrer dans leurs maisons. On eût cru voir des ombres livides s'échapper du royaume des morts. Une foule de gens de tout sexe, de tout âge, pâles, défigurés, se traînant avec peine, vinrent reconnaître leurs habitations. L'enfant marchait appuyé sur sa mère, aussi faible que lui; de jeunes filles intéressantes inspiraient la pitié, la douleur par leur air débile et mourant: voilà le spectacle dont je fus témoin. Bientôt chacun se divisa; l'un cherchait sa maison parmi une masse de ruine; l'autre, l'œil en pleurs, examinait la place de la sienne, couverte de cendres et de débris; celui-là, plus heureux au milieu du malheur général, goûtait le bonheur de trouver la sienne conservée ; celui-ci, qui peut peindre sa désolation ! sous des poutres fumantes, sous des tas de pierres, retrouvait les corps meurtris de sa femme et de ses enfans !

J'ai vu un de ces malheureux rentrant chez lui. En ouvrant sa porte, il voit le cadavre de sa femme ; il s'arrête, il le considère : bientôt, l'âme navrée, il l'enveloppe dans un drap, le charge sur ses épaules, et porte en sanglottant sa compagne au tombeau.

Il y avait dans le couvent de la Mercy une bibliothèque plus belle et plus considérable que celle du couvent de Jésus ; elle eut le même sort. Il y avait beaucoup de livres français. J'y pris un manuscrit arabe de l'Alcoran, une traduction en castillan de Virgile, quelques Elzévirs et une partie de l'atlas de Blaue. J'y trouvai la Correspondance des Jésuites missionnaires aux Indes ; Pluche, les œuvres de Bossuet, de Paschal, traduites du français, et beaucoup d'autres bons ouvrages traduits de l'italien.

Le 24, le maréchal Lasnes entra dans Saragose en triomphateur. Toutes les troupes prirent les armes : tous les généraux, les états-majors furent prendre le duc de Montebello aux Ecluses, et il fit à leur tête, avec le duc de Trévise, son entrée dans la ville. Il fut reçu à la porte de Notre-Dame du Pilar par le clergé, ayant à sa tête l'évêque d'Huesca, qui tient la place de l'archevêque à Saragose. On l'avait, dit-on, fait venir exprès d'*Alcagniz* où il s'était réfugié. Son excellence le maréchal Lasnes, assis vis-à-vis de l'autel dans un superbe fauteuil, ayant à sa droite le duc de Trévise et à sa gauche une place préparée pour le général Junot, qui ne vint pas (1), entendit la messe avec une dévotion exemplaire, et qui dut faire plaisir aux Espagnols. On rendit aux maréchaux les honneurs de l'église. La junte et les différentes autorités prêtèrent serment, au nom du peuple, de fidélité au roi Joseph; puis l'évêque chanta le *Te Deum* en actions de grâces de notre victoire. Ceci m'a violemment affecté; j'ai trouvé, à part moi, qu'il était affreux de forcer ainsi des malheureux à célébrer leur honte et leur infortune : cela doit être un des plus puissans levain de réaction. Il y avait très-peu de curieux; on ne remarqua que quelques dames chez lesquelles étaient logés des généraux, qui les avaient em-

---

(1) Le général Junot montra toujours de l'éloignement à se trouver en concurrence avec MM. les maréchaux. Tout le monde le croyait très mécontent d'être en sous ordre. On faisait à cet égard une comparaison bien avantageuse avec M. le maréchal Mortier, qui paraissait faire abnégation de lui-même pour ne songer qu'au bien général.

menées : point de foule sur la place ni à la porte de l'église; au contraire, et c'est une chose digne d'être remarquée, les habitans passaient devant l'église comme s'il n'y avait rien eu qui dût exciter leur curiosité, sans être frappés des costumes de nos généraux et de la nouveauté de la cérémonie. En Allemagne, dans de pareilles circonstances, toute la ville s'y serait portée; le Français n'y est regardé comme ennemi que par les hommes réunis en armée; une fois la ville prise, le pays conquis, il est traité comme s'il était un ami, un compatriote : l'Espagnol a plus de rancune.

Notre-Dame del Pilar avait déployé une partie de sa magnificence : l'or, l'argent, les pierreries brillaient partout. Le grand autel, une grande quantité de vases et de candelabres étaient entièrement d'or et d'argent. Quelle richesse ! quel luxe! Faut-il donc tant de faste pour louer Dieu dignement? Que de trésors enfouis qui pourraient rendre heureux une foule de misérables! Telles furent mes premières réflexions; mais en y pensant mieux, je sentis que c'était un mal nécessaire. De même que l'appareil extérieur en impose aux hommes dans nos habits et nos distinctions, de même il faut, pour en imposer au peuple, redoubler son respect, son recueillement, sa crainte, que la Divinité soit adorée dans des temples somptueux et magnifiques :

sans doute, aux yeux d'un être pensant et raisonnable, une majestueuse simplicité sera bien plus respectable.

Après la cérémonie, le cortège reconduisit le maréchal Lasnes au palais qu'on lui avait préparé, où il y eut un grand dîné. On reçut pendant ce temps un trompette du frère du général Palafox, commandant les troupes de Catalogne et d'Aragon. Il écrivait au duc de Montebello pour lui demander qu'on traitât son frère avec les égards que méritait sa conduite, qui ne pouvait qu'être admirée de tous les militaires.

Les premiers jours de la prise de Saragosse, avant l'entrée du maréchal, il était presque impossible de parcourir les rues de la ville. Un air putride et infect vous suffoquait; les rues étaient encombrées de débris ou de pièces de canons, fermées par des barricades, coupées par des fossés : partout on trouvait des cadavres d'hommes ou d'animaux. Aux portes des églises, les corps, enveloppés d'une toile cousue, étaient entassés pour être ensévelis dans les charniers. On aurait cru qu'une peste affreuse avait dépeuplé la ville. Ses habitans, échappés au bombardement, aux fièvres contagieuses, maigres, livides, ressemblant à des spectres ambulans, se portaient avec avidité dans la campagne pour y respirer un air plus sain. Les femmes n'osaient pas sortir; toutes les portes étaient fermées, et on ne les ouvrait qu'avec crainte. Les habitations étaient si sales, que, ne pouvant pas y loger nos soldats, on les mit au bivouac dans les rues et sur les places. Au milieu de ce triste spectacle, une foule de moines, qui ont conservé leur teint fleuri, se promenaient partout. Il n'ont que très-peu souffert du siége; ils avaient, m'a-t-on assuré, des magasins, de grands jardins où ils pouvaient prendre l'air, et les endroits les plus sûrs pour se garantir des bombes; ils paraissent furieux de nos succès, qui, dans le fait, sont pour eux un coup de mort (1).

La partie de la ville qui n'a point été endommagée par les bombes, a servi de refuge aux

(1) L'on a beaucoup crié contre les moines et ecclésiastiques espagnols qui prenaient les armes et excitaient le peuple à se soulever. Ce n'est point un fait nouveau dans l'histoire. Non seulement celle de tous les temps en Espagne en a fourni de semblables, mais celle des autres nations de l'Europe en donne également. N'avons-nous pas vu les papes défendre leur territoire; et dans le temps que les évêques étaient seigneurs spirituels et temporels, et même après, nombre de ceux de France se battre contre les huguenots. Les temps n'ont point changé pour l'Espagne. Ce n'est pas plus extraordinaire de voir cette conduite des ecclésiastiques de ce pays, dans l'état de chose actuel et au point de civilisation où il est, que cela ne l'était en France dans une époque plus reculée. D'ailleurs, ces actions-là sont toujours vues sous deux

habitans ; les autres parties, des rues entières, des quartiers sont abîmés : mais il faut voir ceux dont s'est emparé le 3e. corps, pour juger du ravage qu'a fait le siége; on n'aperçois que des masses de ruines qu'on croirait être les restes d'un tremblement de terre.

Il est difficile de reconnaître aujourd'hui dans Saragosse, l'une des plus belles et des plus agréables villes d'Espagne ; le moment, il est vrai, n'est pas favorable pour la juger. Peut-être que dans le temps où l'activité, l'air vivant y régnaient, comme on le prétend, qu'il y avait un grand nombre d'équipages, l'ensemble en était agréable. Je

---

aspects : blâmés par les uns, les autres les voient avec admiration. Les capucins de Barcelone sont cités avec éloge par le zèle qu'ils montrèrent à la défense de cette ville en 1706, contre Philippe V, et la conduite de son clergé fut celle de celui de Saragosse aujourd'hui. Enfin, l'évêque de Murcie, *Louis de Belluga*, fut fait cardinal pour avoir vaillamment défendu cette ville contre l'archiduc compétiteur de Philippe V. Je suis cependant bien loin de vouloir les excuser. J'ai seulement voulu prouver que l'on a quelquefois autorisé ces abus, malgré qu'ils soient contre toutes les règles des canons. Un soldat qui veut se faire prêtre est obligé d'obtenir une dispense ; par conséquent one st loin de vouloir qu'un ecclésiastique fasse la guerre. En effet, son ministère est celui de la paix et de la douceur, et rien n'est plus opposé à la morale évangélique, que le sang et le pillage.

vais donc t'en parler telle qu'elle me paraît être à présent.

Le sexe doit y être beau, à en juger par le peu de femmes qui sortent; généralement elles sont petites, mais on voit parmi elles des figures charmantes.

Saragosse passe pour une des plus grandes villes d'Espagne; cependant sa population n'est, comme je te l'ai dit, que de 42,600 habitans. On croit que son ancienne situation était plus orientale que celle d'aujourd'hui. On voit encore les restes des antiques murailles romaines, et les vestiges de quatre portes situées vis-à-vis les unes des autres, et appelées *Portes de Valence*, du *Pont*, de *Tolède* et de *Cineja* (1). L'ancienne enceinte prouve que Saragosse était bien moins grande qu'aujourd'hui. Lorsqu'elle fut conquise sur les Maures, par D. Alphonse Ier, roi d'Aragon, elle fut beaucoup augmentée. Alors s'établirent nombre d'ordres religieux, dont les couvens, églises, établissemens divers, augmentèrent considérablement la ville. Saragosse avait autrefois

---

(1) Selon les historiens, elle prit ce nom du mot *cinciaria*, à cause des cendres d'un grand nombre de martyrs qui y furent brûlés par ordre de Dioclétien. On y voit un puits appelé *des Martyrs*, qui a été recouvert d'une coupole connue sous le nom de *la Demi-Orange*, et qui a été dernièrement abattue à coups de canon.

deux ponts; le premier, qui existe, est en pierres, composé de sept arches, dont la plus grande a quarante-huit barres du pays, ou environ cent vingt pieds de diamètre. Il fut construit, suivant l'inscription qui se lit au pied d'une croix, en 1745, et réparé en 1659. La pierre coquillière qui le compose est semblable à celle que l'on tire de la butte Montmartre près de Paris (1). Il n'offre rien de bien remarquable dans son ensemble, et ne peut être comparé à celui de Tudela de Navarre. Le second ne subsiste plus; il était en bois, et jouissait, sans aucuns fondemens, d'une grande réputation de beauté : plusieurs auteurs espagnols le citent comme unique en Europe, et d'après eux, les Français l'ont assuré. Il était à une portée de fusil du premier.

La situation de Saragosse sur l'Ebre est vraiment admirable. Ce fleuve aurait pu, si le gouvernement avait été plus actif, apporter dans cette ville les productions du Levant, de l'Italie et du midi de la France. Dans la plaine étendue qui l'entoure, deux autres petites rivières et deux canaux magnifiques, versent l'abondance et la plus étonnante fertilité. De loin elle offre un fort beau coup-d'œil. La *Tour-Neuve*, quoiqu'elle ait près de trois cents ans d'antiquité, située sur

(1) Remplie d'une espèce de *cérite*.

la place Saint-Philippe, se découvre à une grande distance et domine tous les autres édifices. Cette ville a douze portes, y compris celles dont je t'ai parlé, et il paraît qu'elle avait de fort jolies promenades; mais aujourd'hui presque tous les arbres en sont coupés (1). Les rues sont la plupart étroites, petites, et forment une infinité de carrefours; les principales sont cependant assez longues, et toutes sont bien pavées. Celle dite *del Cosso* (2), qui passe pour la plus belle d'Espagne, ne peut être comparée aux belles rues de nos grandes villes de France, garnies de maisons en pierres de taille et d'hôtels magnifiques. Elle est, à la vérité, longue et large, mais les maisons en sont fort ordinaires, et presque toutes défigurées par de vilains balcons de bois très-avancés, et qui garnissent les trois ou quatre étages; défaut qui se rencontre dans presque toutes celles de la ville, qui sont en général fort noires, très-sombres, et qui ont un coup-d'œil fort triste.

Il y avait à Saragosse un capitaine-général du royaume et une garnison nombreuse, qui devait

---

(1) Le maréchal Suchet les a fait replanter, et a fait une place publique sur l'emplacement du couvent de St.-François.

(2) Qui vient de *corso*, lieu destiné à la promenade et aux réjouissances publiques.

l'animer et lui donner de l'éclat; le séjour qu'y faisaient plusieurs grands d'Espagne y contribuait aussi. On s'y amusait beaucoup, dit-on. Elle était assez commerçante : sa position la faisait servir d'entrepôt aux marchandises de France et à celles du Levant, qui viennent de Barcelone, destinées pour Madrid ou l'intérieur du royaume; mais l'industrie manufacturière se réduit à quelques fabriques de gros draps pour les troupes.

Tous les cochers, dans cette ville, étaient Français. C'était le ton, l'usage, de les choisir de cette nation, comme nous choisissons nos portiers parmi les Suisses; les cuisiniers des bonnes maisons étaient aussi Français : tous ont été obligés de fuir au moment de l'insurrection; et comme la plupart des grands seigneurs sont aussi partis, l'on n'y voit plus que quelques carrosses antiques et ridicules.

Je vais te donner encore des détails que mes nouvelles recherches m'ont fait découvrir, et qui sont assez peu connus dans notre patrie, et assez curieux pour te paraître intéressans.

Saragosse fut le siége d'un évêché dès les premiers temps de la chrétienté : ce fut même dans cette ville que *S. Jacques-le-Majeur* prêcha pour la première fois, en Espagne, la doctrine de J. C., vers l'an 45 de sa naissance, quatorze ans avant la persécution de Néron. Cette ville est également célèbre dans l'histoire ecclésiastique, par le grand nombre de ses martyrs; ce qui l'a fait appeler, par *Prudence, la Patrie des saints Martyrs*, dans l'hymne qu'il leur adresse. Il s'y tint successivement beaucoup de conciles; dans l'un d'eux, vers l'an 523, il fut ordonné qu'on ne donnerait le voile aux vierges qu'à l'âge de quarante années, renouvelant en cela les ordonnances de Léon-le-Grand, et autres papes, ou conciles. Il aurait été sans doute bien avantageux pour toute l'Espagne que ce décret eût été suivi, on n'y verrait pas tant de couvens.

Cette ville a donné naissance à un très-grand nombre de savans dans différens genres. Sous les *Romains*, y naquit *Félix*, très-connu dans l'histoire ecclésiastique, qui vivait dans le milieu du troisième siècle, et l'orateur *Petrus*, qui vécut dans le quatrième; mais le plus célèbre fut *Aurélius Prudence*, poëte sacré, né l'an 348, et dont Saragosse tire un grand motif d'orgueil. On pourra en juger à la pompe et à la magnificence de style avec lesquels en parle *Manuel Risco*, continuateur de l'Espagne Sacrée de Florez : *Gloria es muy particular de la nacion Espagnola el haber tenido desde tempo immemorial, muchos y exelentes poetos gentiles; pero es mas ventajosa la que goza en haber dado al mundo el principe de los poetos Christianos, Prudencio.* Cependant Calahorra dispute à Saragosse cet honneur ; mais il paraît, d'après les longues et ennuyeuses dissertations de Risco, que la dernière doit avoir le dessus.

Sous les Goths, l'on vit fleurir, dans le huitième siècle, saint Braulio, qui fut à la fois musicien, poëte, orateur, historien et théologien ; *Jean*, musicien et astronome ; *Maxime*, poëte et historien, auquel on a attribué une chronique fausse (1) ; *Tajon*, poëte et théologien, tous évêques de cette ville.

Sous les Maures, elle avait une espèce de cour où se distinguèrent beaucoup de poëtes et de littérateurs arabes, dont les écrits ont fait conserver les noms, et dont plusieurs jouissaient d'une grande réputation. *Soliman Ben Mahran*, poëte et littérateur ; *Almotassen Ben Mäan*, autre poëte très-élégant ; *Ben Alhoz*, qui composa une bibliothèque arabico-espagnole, qui s'est perdue ; *Abulualid Soliman Albaji*, juge de Saragosse, qui écrivit sur l'ascétique de l'Alcoran, dans le onzième siècle ; *Abu Mahomad Algeziami*, poëte du même temps. Plus anciennement, dans le neuvième, on remarque, l'évêque *Heleca*, historien ; et dans le huitième, le moine *Sévère*, prédicateur ; et

---

(1) Elle fait partie de celles qu'a fabriquées le père *Romans de la Ighiera*, jésuite.

Benton ou *Lanton*, évêque théologien : tous deux sont réputés apocryphes.

Dans des temps postérieurs on a vu sortir de cette ville saint Prudence, évêque de Troye en Champagne, fameux controversiste; *Antoine Augustin*, archevêque de Tarragone, célèbre historien, théologien, jurisconsulte et antiquaire: il parut avec éclat au concile de Trente, et fut appelé à juste titre le père de *la numismatique; Jean Pardo*, célèbre philosophe, astronome et poëte, qui passa sa vie en Italie; *Don Sanche Ramirez*, roi d'Aragon, qui fut un des premiers législateurs; *Jérôme de Zurita*, qui écrivit les Annales d'Aragon, ouvrage très-estimé, et *Barthelemi-Léonard d'Argensola*, son continuateur; *Antoine Olivan Maldonado*, fameux prédicateur; *Jean de Ustarroz*, qui fut à la fois, vers le milieu du dix-septième siècle, orateur, historien et poëte. L'on peut y joindre le malheureux *D. Martin y Goycochea*, fondateur de l'académie de Saint-Louis, qui vient de mourir, et qui mérite une place distinguée parmi les bons patriotes et les savans de la nation, par son zèle pour les progrès des lumières. M. de la Borde, dans son Itinéraire, ajoute encore à ces noms : *saint Valère* et *sainte Engracie; Lambert*, dont j'ignore le mérite; un poëte, *Albert Diaz de Foncalda; Jérôme de Blancas*, historien connu, contemporain de Zurita;

Gonsalve-Garcie de Sainte-Marie, autre historien ; *Didace-Antoine François de Arrutigoyti*, évêque de Barbastro ; *Servato de Aninou*, jurisconsulte distingué.

Dans la peinture, cette ville ne s'est pas moins distinguée; l'on cite plusieurs bons artistes, parmi lesquels les plus fameux sont *Don Joseph Martinez*, peintre de Philippe IV ; les deux frères *B yeux*, François et Raimond, et leur cousin *Martin Goya*, qui vécurent presque de nos jours et acquirent beaucoup de réputation. L'un des frères Bayeux était particulièrement habile dans la peinture à l'*encoustique*.

Tu vois, mon cher Félix, que peu de villes peuvent se glorifier d'avoir produit un aussi grand nombre de savans ; c'est ce qui m'a engagé à te les faire connaître tous : les savans espagnols sont si peu connus dans notre patrie, que j'ai espéré que la curiosité l'emporterait chez toi sur l'ennui d'une nomenclature. Adieu.

Du camp devant Saragosse, le 28 février.

Je vais, mon cher Félix, te faire dans cette lettre la description des principaux édifices de Saragosse, tels qu'ils m'ont paru après le siége, et te parler avant de ses institutions publiques.

On comptait dans cette ville, outre quinze églises paroissiales, un grand nombre de chapelles ou églises particulières, dans les vingt-huit couvens de moines et les seize de femmes qui s'y trouvaient; puis les oratoires de plusieurs hôpitaux. Tu conviendras que ceux qui n'entendaient pas la messe, ne péchaient que par négligence. Je me garderai bien de te parler de tous ces monumens; je t'entretiendrai seulement des principaux. L'*Hôpital-Général* montrait, par son inscription, *urbi et orbi*, sa destination, qui s'étendait aux gens de tous les pays; l'*Hôpital des Foux*, qui en faisait partie, quoi qu'il en fût distinct, était parfaitement administré, dit-on; l'un et l'autre sont ruinés. Mais celui appelé *Casa de la Misericordia*, mérite d'être visité en détail, et fait honneur au zèle et au talent de *Don Ramon Pignatelly*, auquel l'Aragon doit aussi le canal royal. Il dirigea son administration, et a fait bâtir l'édifice où il est situé. Les jeunes gens des deux sexes qui sont sans travail et sans ressources, y trouvent de la subsistance et de l'occupation; ils dévident de la soie; ils filent, ils cardent la laine; ils font des étoffes grossières, des camelots : il y avait, du temps de Ponz, sept cents personnes dans cette maison, dont plus de la moitié travaillaient pour les ouvriers de la ville.

Son Université, fondée en 1474, a beaucoup

de professeurs dans différens genres, mais qui tous suivent les anciennes méthodes d'enseignement. La *Société des Amis du pays* a fait plus qu'elle pour propager les lumières. Elle a établi des écoles de mathématiques, de commerce, d'histoire naturelle, d'économie civile et de philosophie morale. Cette société s'attache surtout à encourager les différentes branches d'industrie, particulièrement les nouvelles plantations. Je fis connaissance avec *Don Diego de Torres*, secrétaire de l'académie de St.-Louis, qui dirige celles de la société; il travaille avec beaucoup de zèle aux progrès de l'agriculture, soit par ses écrits ou par ses expériences; mais il m'a témoigné combien peu il était encouragé, et combien ses peines étaient infructueuses pour répandre le goût de l'agriculture et des arts chez un peuple qui, dédaignant les richesses de son sol, va chercher sa fortune au-delà des mers dans un nouveau monde.

Ce savant eut la bonté de me conduire à l'académie des beaux-arts, dite *de St.-Louis*, fondée dans ces derniers temps par *Don Arias-Antonio-Mon y Velarde*, auditeur de la royale audience, conseiller d'état, et par *Don Juan-Martin y Goycochea.* Elle a pour objet de propager l'amour des beaux-arts. Encouragée par de belles cédules des derniers rois, elle a eu à sa tête des hommes zélés et instruits; mais leurs efforts ont eu bien peu de succès. Quatre écoles lui sont attachées pour le dessin, la peinture, la sculpture et l'architecture. Elle mériterait d'être encouragée autrement que par de belles paroles. On voit dans la salle des séances le portrait des deux fondateurs. Don Martin est mort il y a quelques jours, victime de son zèle pour les vrais intérêts de la ville. Par ses lumières et la considération dont il jouissait, son avis devait être d'un grand poids; il était du parti de tous les gens sensés, qui voulaient la reddition de la ville. S'en exprimant un jour avec énergie, les gens du parti contraire s'échauffèrent à cette seule proposition, qu'un autre aurait payé de sa vie. Ils le menacèrent et le traitèrent indignement. La révolution que lui fit cette scène lui causa la mort au bout de peu de jours. Il aurait mérité, par ses talens et son zèle, une fin plus heureuse, et de voir ses travaux secondés par un gouvernement qui s'occupât lui-même de l'avancement des lumières.

Don Diego de Torrès me fit voir les collections de l'académie; elles sont peu nombreuses. La bibliothèque contient quelques beaux ouvrages, quelques jolis dessins et deux beaux tableaux de Luc Jordan, de grandeur naturelle, représentans Adam et Ève, avec une tête à l'encoustique de Bayeux; ce sont les morceaux les plus intéressans qu'on y trouve : il y a aussi des modèles en plâtre.

Je m'informai s'il y avait des collections publiques ou particulières en histoire naturelle, chimie ou physique. Personne, me répondit Don Diégo, ne s'occupe ici de ces sciences. Un seul apothicaire a un petit herbier des plantes de l'Aragon ; nous y fûmes, mais il n'était pas chez lui, et on nous dit que depuis long-temps il avait perdu la botanique de vue. On regrette beaucoup la collection des manuscrits originaux et des pièces diplomatiques qui existait ici; elle a été détruite. Passons actuellement aux principaux édifices de Saragosse.

La Députation est un des plus grands; il fut fondé par Alphonse V en l'an 1437, et achevé en 1450 (1). C'était le lieu où s'assemblaient les états du royaume. On y voyait une salle superbe, contenant les portraits des rois de *Sobrarbe*, petit Etat enclavé dans l'Aragon, qui a eu ses rois indépendans. Au fond de cette salle, était un St.-George de grandeur naturelle en albâtre, ouvrage d'un sculpteur de mérite, nommé *Ancheta*. On y voit encore divers portraits des rois d'Aragon; mais tout ce bel édifice a été presqu'entièrement brûlé. A côté de la Députation, *Maison-de-Ville*, où l'on voit de belles salles de conseil pour l'hiver et l'été.

---

(1) Chronique de Léonard d'Argensola, lib. I de ses Annales, cap. 64.

Vis-à-vis est la Bourse, appelée la *Lonja de la Ciudad*, qui peut avoir cent dix-sept pieds de long sur soixante-treize de large, et cent quatre d'élévation. La salle intérieure est divisée en trois nefs par de belles colonnes, au nombre de huit dans chaque rangée. Elle s'hacheva en 1551, selon l'inscription qu'on lit sur la frise de la corniche. C'est le lieu où s'assemblent les négociant. On voit aux archives le portrait de *Zurita*, avec cette inscription : *Zurita Aragonum chronista primus.*

Tout près est une belle maison, qu'on dit être celle du marquis d'Ayerbe ; puis on voit *N.-D. del Pilar.* Ce monument, célèbre en Espagne, excitait depuis long-temps ma curiosité. La vénération, l'espérance aveugle des Espagnols est si grande, que je ne sais combien de gens malades à la dernière extrémité, de l'épidémie, se traînent dans cette église au pied de la colonne, et restent là, sans manger, des jours entiers, couchés à plat ventre, attendant leur guérison d'un miracle de la vierge. C'est le plus fort exemple de superstition que j'aie encore vu ; car malgré que ce siècle-ci soit peut-être le plus fécond en prodiges, en miracles, que cependant nous nous obstinons à ne pas voir, la raison veut d'abord que nous fassions usage des moyens de guérison qui sont en notre pouvoir.

L'opinion reçue généralement en Espagne,

appuyée sur les traductions les plus anciennes, sur les auteurs des premiers siècles de l'Eglise, et dans des temps postérieurs par des priviléges de différens papes ou conciles, est que St. Jacques-le-Majeur est le premier fondateur de *N.-D. del Pilar.* Cette opinion, qui n'a presque jamais été contredite, et qui au contraire a été adoptée par d'habiles critiques, par Benoît XIV, et appuyée par un jugement en forme rendu sous *Innocent XIII,* fait jouir les Espagnols de la gloire d'avoir eu la première église chrétienne d'Europe; car la venue de St. Jacque, *si toutefois elle est bien prouvée,* date de l'empire de Claude. Etant à Saragosse, il eut une vision de la vierge, qui lui ordonnait de bâtir une église dans la ville d'Espagne où il y aurait davantage de convertis. Cette ville fut jugée la plus digne de cet honneur; et dans l'église qu'il érigea, fut placé un pilier portant l'image de Marie. Perdus tous deux par suite des guerres, on les retrouva long-temps après : quelques miracles les firent reconnaître; alors on bâtit une grande et belle église à *N.-D. del Pilar* ou *de la Colonne,* qui aujourd'hui est tellement vénérée, qu'il y vient des pèlerins de toutes les provinces du royaume. Les habitans de Saragosse ont rendu miraculeuse la maladresse de nos pointeurs, qui tiraient sur ce gros bâtiment, et qui ne lui ont fait aucun mal.

Cet édifice, situé sur le quai, vis-à-vis le faubourg, ne présente au-dehors qu'une masse énorme, écrasée, lourde, surmontée d'un dôme peu saillant, entouré d'une douzaine de petites coupoles; ce qui lui donne l'aspect d'un édifice oriental. Il est couvert de carreaux peints et vernissés, qui font un assez bon effet; sa forme est celle d'un quadrilatère de cinq cents pieds de dimension. Sur le côté qui regarde la ville, et qui donne sur une petite place, se trouve l'entrée principale, qui n'a rien de remarquable. L'intérieur seul mérite d'être admiré; il est divisé en trois nefs : l'ensemble en est assez imposant, quoiqu'il n'ait pas la majesté de nos cathédrales de Paris, Lyon ou Strasbourg; mais il les surpasse toutes en magnificence.

La masse du bâtiment fut commencée en 1686, sur les dessins d'un mauvais peintre nommé *Herrera*. Ainsi il ne faut pas s'étonner si elle manque d'élégance. Mais en 1753, Ferdinand VI y envoya un habile architecte, nommé *Don Ventura Rodriguez*, avec le but d'y édifier une nouvelle chapelle pour l'image célèbre de la vierge : il éleva à cet effet, sous la grande coupole, dans le milieu de l'église, un autre temple plus petit, qui s'y trouve placé de la même manière que la Sainte-Maison à Notre-Dame de Lorette. C'est un chef-d'œuvre de goût et d'élégance, qui seul mériterait une visite des amateurs des beaux-arts : l'architecture en est non seulement du meilleur goût, mais d'une grande hardiesse. Une coupole fort élevée, soutenue par des colonnes d'ordre corinthien, dont les socles sont de cuivre doré, surmonte cette chapelle, qui est d'un fort beau marbre et du plus grand fini. Elle est entourée d'une grille ; l'intérieur en est ovale : dans le fond sont trois autels qui se touchent ; au-dessus du principal, celui du milieu, on voit un beau bas-relief en marbre blanc qui représente la venue de la sainte Vierge. Un peu plus bas, à droite, est une petite grille carrée toute enrichie de pierreries, derrière laquelle se voit l'image de Notre-Dame Del Pilar : sa tête est couverte de diamans ; ceux de son diadême sont, dit-on, d'un prix inestimable. Devant cette image miraculeuse brûlent nuit et jour un grand nombre de lampes d'argent et beaucoup de bougies. Au-dessus des autres autels, se voient plusieurs médaillons représentant des actions relatives à la Vierge ; différentes statues formant des groupes, s'y voient aussi ; enfin, les ornemens de tous les genres y sont multipliés avec goût. Les voûtes de cette petite chapelle sont peintes à fresque, par *Don Antonio Velasquez*, qui fut appelé exprès de Rome, où il étudiait sous *Guiaquinto*. Ces peintures représentent encore l'arrivée de Marie, entourée d'anges : ce morceau commença la réputation de Velasquez.

Derrière cette chapelle est un espace peu considérable entre elle et le cœur. D'un côté, on y voit un beau bas-relief représentant l'*assomption*, par François de Salas; ce morceau est appuyé contre la chapelle : vis-à-vis lui, adossé au chœur, est un autel simple et élégant, où l'on dit ordinairement la messe; il est orné par un excellent Christ.

Le chœur est fort sombre, parce qu'on ferme les fenêtres qui sont vis-à-vis. Il offre une masse énorme de sculpture en bois. C'est le plus grand morceau de ce genre que j'aie vu. Les stales sont disposées tout autour, au nombre de cent cinquante, faites en chêne, appelé par les Espagnols *roble de Flandre* (1); elles sont sculptées avec un travail infini et fort minutieux. Ce chœur est entouré d'une belle grille de bronze couverte d'une infinité de petites figures, et d'autres ornemens, et il est élevé de deux ou trois marches au-dessus du pavé de l'église.

Tu vois par cette description que le milieu de

(1) Le *roble de Flandre* est une chêne blanc, dit chêne d'Hollande en France, et qu'on emploie de préférence pour la belle menuiserie et la sculpture, étant plus moëlleux que le *chêne noir* ou ordinaire. Il nous vient principalement des bords de la Meuse et du Rhin, ainsi que des forêts de Flandre.

cette église est obstrué par ce petit temple et par le chœur, qui se trouvent dans la nef principale. Ce défaut se remarque, dit-on, dans toutes les églises d'Espagne: c'était au reste la construction primitive des anciens édifices de ce genre, qui calquaient leur distribution intérieure sur le temple de Salomon, où l'on voyait successivement le *tabernacle*, le *sanctuaire* et le *Saint des Saints*. On y voyait aussi un *jubé*, ou corps de maçonnerie avec une galerie, d'où l'on lisait au peuple l'épître et l'évangile, à l'imitation de la tribune (*suggestum*) d'où Salomon parlait au peuple. Toute cette distribution a été supprimée en France et en Allemagne, presque généralement. Mais en Espagne, le jubé subsiste dans presque toutes les églises, et l'on en a fait le chœur, tantôt entièrement fermé par des murs décorés de marbres et de sculptures, ou bien entouré d'une grille de fer ou de bronze doré. Cette distribution est fort incommode et nuit infiniment; elle masque la vue, détruit tout effet d'ensemble. Ajoutez à cela que Notre-Dame del Pilar n'a que des portes latérales, ce qui nuit également à cette impression de grandeur, de recueillement qu'inspire une belle cathédrale, où, en entrant, vous découvrez, dans la profondeur de l'église, le maître autel et toute l'étendue du vaisseau, ensemble qui vous frappe et vous inspire le respect.

Au reste, les détails de N. D. del Pilar sont

superbes; on ne peut rien voir de plus riche : le luxe, la profusion, la magnificence, sont portés à leur comble dans la diversité des ornemens qui décorent chaque chapelle. Je n'ai pu voir celle qui est située sous le temple intérieur de la Vierge.

Dans le chœur, contre le grand entablement de sculpture dont je t'ai parlé, les jours de fêtes ou de cérémonies, s'établit un autel entièrement d'argent et d'or; il est fort élégant, très-grand, et orné de dessins en bosse. Cet autel est composé de lames d'argent d'une ligne d'épaisseur, montées sur des linteaux de bois qui forment chacun un des côtés. On le monte et démonte à volonté. Au-dessus de lui, des ornemens de même métal décorent et couvrent une partie de la sculpture en bois. Un ange, dont les ailes sont d'or, paraît planer au-dessus d'une coquille qui s'élève au moment de la consécration, et laisse appercevoir un soleil magnifique étincelant de pierreries. A droite et à gauche de l'autel sont des tables d'argent, avec des gradins sur lesquels l'on étale d'énormes plats massifs en vermeille; en avant de lui, de très-grands candelabres aussi d'argent, portent une foule de cierges.

On voit à la sacristie différentes statues et figures en argent qui servent pour les processions. Mais on dit que rien ne peut être comparé aux richesses du trésor; et cela ne me paraît pas étonnant, car journellement les Espagnols achètent la rémission de leurs péchés par de copieuses offrandes à N. D. del Pilar.

Je lisais un jour dans l'ouvrage de Ponz (Voyage en Espagne, t. XV, p. 15, lettre 1re.), qu'il serait mieux d'échanger toutes ces reliques, qui sont inutiles, contre des beautés réelles, en faisant embellir le temple, ou le faisant rebâtir sur un meilleur plan, afin d'en faire un monument national digne de l'admiration des étrangers. Les pierreries, dit-il, peuvent se perdre; on peut les voler, on peut les piller dans un moment de révolution, ce qui n'arrive pas à un bel édifice. Il paraissait prévoir ce qui serait arrivé sans la générosité et le désintéressement de nos maréchaux. Je tiens les détails suivans d'un témoin digne de foi; et je suis bien aise de pouvoir te raconter les faits avant que la vérité ne t'arrive dénaturée par la calomnie; car on ne manquera pas de parler en France du trésor de N. D. del Pilar. Un général et un commissaire ordonnateur demandèrent, de la part de M. le maréchal duc de Montebello, qu'on leur confiât les deux plus belles pièces du trésor, afin de les faire voir à M. le maréchal. On fit d'abord beaucoup de difficultés, parce qu'il fallait que le gardien eût la permission de la Junte; cependant cela s'arrangea. Ces deux messieurs en donnèrent un reçu, et promirent qu'à deux heures les bijoux seraient de retour ; il était midi. Ils furent involontairement retardés, et revinrent à trois heures, rapportèrent les pierreries, et retirèrent leur reçu. Ces deux bijoux consistaient, 1°. en un grand nœud de diamant qui se mettait sur la poitrine de la Vierge, dans les grandes solemnités, présent d'une reine, estimé 500,000 francs; 2°. dans un œillet de diamant et de pierres de couleur, présent de la veuve de l'infant don Louis. Comme l'on sut que M. le duc en parlait avec éloge, une députation de la ville et du chapitre fut chargée de les lui offrir; et il ne les accepta qu'après beaucoup de sollicitations. Mais comme on crut qu'on devait également offrir un cadeau à M. le maréchal Mortier, pareille députation vint lui présenter des bouquets de ce genre valant une centaine de mille francs. M. le maréchal s'en défendit long-temps; mais enfin, pressé d'imiter l'exemple de M. le duc de Montebello, *il fit acte de propriété, pour en faire don à son tour à N. D. del Pilar.* Les personnes seules qui connaissent M. le duc de Trévise n'en seront point étonnées.

Les dômes qui ornent extérieurement l'édifice font un meilleur effet à l'intérieur. Ce sont autant de petites coupoles dont les voûtes sont peintes à fresque par les deux frères *Bayeux* et *Martin Goya* leur cousin. La grande coupole sur le chœur a été terminée par *D. Augustin Sanz,* directeur, pour l'architecture, de la royale académie de Saint-Louis, et membre de celle de Saint-Fernando de Madrid.

N. D. del Pilar n'est que la seconde métropole de Saragosse. L'église métropolitaine est nommée *La Seu ;* c'est un temple extrêmement ancien, d'architecture gothique, à cinq nèfs. Le portail en est moderne, et fut construit par un architecte nommé *Jean Yarza*, né à Saragosse. L'archevêque *D. Francisco Ignacio Agnoa y Busto* donna, dit-on, 1,300,387 pesos, ce qui revient à 4,876,451 liv. 18 sols tournois, pour sa construction (1). De fort beaux édifices n'ont pas tant coûtés que ce portail. Il est décoré par des colonnes d'ordre corinthien, et par trois statues du Sauveur, de saint Pierre et de saint Paul, situées sur la porte ; elles sont de *Manuel Giral.* Ce portail est assez beau ; mais il m'a paru trop écrasé. La tour qui sert de clocher est à côté ; Les habitans de Saragosse, ceux apparemment qui n'en ont pas vu d'autres, la donnent comme une des plus belles d'Europe. Elle est assez élevée, bâtie en brique, et forme quatre étages. Dans le second se voit le cadran de l'horloge, soutenu par deux figures allégoriques du *Temps* et de la *Vigilance ;* au haut, sur les angles, sont

---

(1) *Aramburu historia cronologica de N. signora del Pilar*, pag. 265.

les vertus cardinales : chacune a onze pieds un pouce de haut; elles sont de *don Joaquim Arali*. Cette tour fut construite sur les dessins faits à Rome par J.-B. *Contini*, en 1683. Ses ornemens furent achevés en 1687.

L'église a cinq nefs : l'ensemble en est assez imposant; mais le chœur, toujours situé au milieu, nuit beaucoup à l'effet général. Les portes sont sur les côtés de l'édifice. L'intérieur en est simple et gothique. On y remarque une suite de mausolées des princes d'Aragon et des archevêques de Saragosse. La quantité d'ornemens confus et bisarres que l'on trouve dans tout cet intérieur, forme un ensemble peu agréable. On voit dans la sacristie un bon tableau du *Guerchin*, qui représente le Samaritain.

L'ancien château des rois maures, qui servit depuis aux rois chrétiens d'Aragon, et où fut établi primitivement le tribunal de l'inquisition, est situé presque hors de la ville ; il s'appelle l'*Aljaferia*. On y voit une salle magnifique ornée avec toute la richesse possible, mais d'une manière antique. Il naquit dans cet édifice sainte Elisabette, infante d'Aragon, reine de Portugal.

La maison où était dernièrement le tribunal de l'inquisition, est belle et vaste

Adieu, mon cher ami. Dans la suivante, je te parlerai du général Palafox.

VALE.

Du camp devant Saragosse, le 30 février 1810.

Je vais à présent me permettre quelques réflexions générales, et te parler du défenseur de Saragosse, sur lequel on m'a donné quelques renseignemens.

Le général Palafox, pour avoir commandé cette ville pendant le siége mémorable qu'elle vient de soutenir, est devenu par-là un personnage fort intéressant pour la postérité. Issu d'une des premières maisons d'Espagne, sa naissance le portait aux plus grands emplois : la révolution l'a fait jouer, pour un temps, un rôle assez brillant, et peut-être lui est-il redevable de marquer un jour dans l'histoire de son pays. Après la prise de cette ville, il a été conduit en France. Sa mère, la célèbre *Melzi*, issue d'une des plus grandes familles de Milan, dont un membre a été, dans ces derniers temps, *président de la république italienne*, était si connue par sa beauté, qu'on la nommait communément le *soleil de Milan.* Elle vint à la cour d'Espagne avec la fille du roi de Naples, femme de l'infant Charles III, en qualité de dame d'atours : ce fut là où elle épousa le marquis *de Lasan*, branche de la maison de Palafox, qui habitait ordinairement Saragosse. Elle y mit au monde trois fils. Lorsqu'ils furent en âge, elle alla les présenter à la cour, et la reine les prit sous sa protection particulière, disant qu'elle leur servirait de seconde mère. Ils entrèrent aux Gardes. Celui dont il est question, qui est *le cadet*, ne tarda pas à se faire aimer du Roi, et fut bientôt un des plus aimables courtisans. Joignant à un physique intéressant les qualités qui plaisent, il fut du nombre de ceux qui accompagnèrent le Roi à Bayonne, et se sauva lorsqu'il vit la tournure des événemens. Il vint, selon les uns, se cacher et se réfugier à Saragosse, déguisé en paysan, où ayant été découvert, le peuple alla le trouver en foule, pour lui faire accepter le commandement de la ville et des troupes de l'insurrection; il s'en défendit en vain, en représentant qu'il n'avait pas assez d'expérience de la guerre; mais on le força d'accepter. Selon d'autres, et cette opinion doit paraître la plus vraisemblable, il n'était à Saragosse que pour organiser le soulèvement. Je veux bien qu'il se soit défendu un moment de prendre le commandement des troupes; mais il est à présumer que son refus n'était pas bien sincère. Toutefois, sentant son inexpérience et son peu de talens militaires, et combien il avait besoin de s'entourer de gens de caractère, dans une occasion aussi délicate, il songea à s'aider de quelqu'un dont les conseils lui fussent salutaire. Il appela le père Basyle, religieux des écoles Pies et prédicateur du roi, qui avait été son *gouverneur*.

Le père Basyle était le fils d'un marchand italien établi à Saragosse, où il est né. Cet homme était d'unn caractère froid, mais énergique, et possédait de grands talens (1) : il a associé sa réputation à celle du général Palafox. Il n'était cependant point son seul conseil, et je doute qu'il possédât le genre de talent nécessaire pour défendre une ville. Cependant lui ou ce général, sans faire de sorties, sans profiter de tous leurs avantages, ont tenu avec une grande fermeté, et ont dirigé la défense de Saragosse au point qu'elle ne s'est rendue qu'à une extrémité où la sagesse et l'humanité avaient commandé depuis long-temps de le faire. Le malheureux père Basyle, après la reddition, fut arraché à minuit de son couvent, et depuis lors il n'a plus paru. Le bruit court qu'on lui avait proposé d'utiliser ses talens pour le roi Joseph, et que sur sa réponse, qui fut *que sa conscience ne le lui permettait pas*, on le larda à coups de bayonnettes, et on le jeta du haut du pont dans la rivière. C'est là où effectivement j'ai vu un corps flottant sur l'eau, qu'on m'assura être le sien. Cette vengeance est d'autant plus horrible, que par la capitulation on avait promis de respecter tous les individus indistinctement, et leurs différentes opinions.

La défense de Saragosse fait beaucoup d'honneur au général Palafox. Elle lui en ferait davan-

---

(1) On prétend que cette lettre si énergique du général Palafox au maréchal Lasnes, qui a été mise dans les journaux, est de lui.

tage encore, s'il avait su animer ses troupes et les conduire de temps en temps dans nos tranchées, où il aurait pu nous faire beaucoup de mal. Attaqué par la maladie épidémique qui dépeuplait la ville, il abdiqua son commandement deux jours avant la reddition. C'est le bruit qu'on a répandu : pour moi, je pense que ce ne fut pas la seule raison, et que voyant la tournure des esprits, qui, après la prise du faubourg, étaient disposés à rendre la ville, il remit ses pouvoirs, afin qu'il ne fût pas dit que c'était lui qui la rendait ; car il voulait s'enterrer sous la dernière maison. Ce fut le général Saint-Marc, Français d'origine, premier capitaine des gardes Valonnes, qui prit le commandement après son abdication. Il pensait, dit-on, différemment que le général Palafox; il voulait des sorties fréquentes et vives : il paraît que c'est un homme de mérite, un bon général, et qu'il a de l'expérience militaire.

Le général Palafox était fort aimé des troupes; les officiers rendent justice à ses bonnes qualités, à sa générosité, à son affabilité. Tous les Français qui ont été conduits chez lui, en ont été traités avec égard ; il en a même sauvé plusieurs de la fureur du peuple, en les faisant loger dans son palais.

Les bourgeois, les gens instruits l'accusent d'avoir fait leur malheur, le dépeignent sans expérience et sans talens, n'ayant que ceux de bien pincer de la guitarre , bien danser et monter à cheval, agrémens qui l'ont fait rechercher à la cour. Avec plus d'expérience et d'étude de l'art militaire, il est hors de doute qu'avec la fermeté, l'exhaltation, le patriotisme de ce général, il n'eût fait un très-grand homme de guerre. On aime à voir réunis à ces qualités, la générosité et les sentimens humains qu'il possédait.

Il y avait à Saragosse plusieurs partis : les gens riches, les négocians et les gens sensés voulaient qu'on se rendît, dès qu'ils se virent sans secours ; le père Basyle était à leur tête ; mais les soldats, le peuple, qui n'avaient rien à perdre, surtout cette multitude d'habitans de la campagne qui s'y étaient réfugiés, mus, excités par un chef exalté, par une multitude de moines forcenés, fanatiques ; le peuple, le soldat, dis-je, voulaient se défendre et mourir sous les décombres de leur ville. Beaucoup ont effectué cette noble résolution ; car, d'après le dénombrement fait par les Espagnols, ils portent eux-mêmes le nombre des morts à cinquante-quatre mille, soit par les fièvres ou par le feu. On a trouvé dans cette ville cent cinquante pièces de canon de gros calibre et cent de petit ; des magasins considérables en vins, huile, bled et viande salée ; de la poudre et des munitions. Cependant avec cette abondance, le soldat n'avait qu'une demi-ration de pain : les assiégés n'ayant plus de moulins à eau, il fallait moudre dans des moulins à bras, moyen bien faible pour nourrir tant de bouches. La poudre manquait aussi ; on ne pouvait en faire que soixante livres par jour.

Nous n'aavons essuyé, pendant le siége, que des pertes relatives au petit nombre d'individus employés dans certaines affaires. Par exemple, les trois compagnies de mon bataillon ont perdu beaucoup le jour de l'attaque du faubourg ; celle où je suis eut vingt-sept ou vingt-huit hommes hors de combat ; mais nôtre perte générale est vraiment peu considérable. Je ne crois pas que, tant en morts qu'en blessés, elle se monte à trois mille durant tout le siége ; et là-dessus beaucoup rejoindront leurs drapeaux et les rejoignent tous les jours.

J'ai profité, mon cher Félix, de l'instant de tranquillité dont nous jouissons, pour lire la copie des lettres que je t'ai adressées sur Saragosse et son siége. Je t'ai rendu d'une manière simple et dénué d'art tous les événemens et les faits singuliers dont j'ai été le témoin. Il me semble quelquefois que je n'ai point tiré, de ce beau sujet, tout le parti possible ; d'autres fois mon récit paraît convenable à la position active où je me trouvais, au milieu de ces événemens, et vrai surtout, quoiqu'il n'offre point ces fruits heureux d'une imagination vive et féconde, que les grandes scènes où j'étais acteur, semblaient devoir faire éclore. Je t'ai raconté, chaque soir, ce qui s'était passé de remarquable pendant la journée, et je crois que c'est précisément cette position particulière pour un historien qui lui ôte la possibilité de tracer des tableaux brillans d'effets et de coloris. Je ne pouvais, dans cette position, qu'observer avec calme les choses qui se passaient sous mes yeux, tout en songeant à ma sûreté, à celle de ceux dont le commandement m'était confié, et à la réussite de l'entreprise. Celui qui, tranquille spectateur, peut se livrer sans danger aux transports que font naître des faits étonnans, s'enflamme à la vue des exploits dont il est paisible admirateur : son imagination s'empare habilement des traits les plus marquans, elle les rassemble, les unit avec art, par des transitions agréables, place à propos, dans le cadre qu'elle se trace, des contrastes dont l'opposition plaît, et forme ainsi de ces matériaux précieux un ensemble, un tableau plein de vigueur, de sentiment et d'expression. Ce tableau enlève le lecteur, le porte aux lieux des scènes qu'il dépeint, en même-temps qu'il lui présente toutes ces réflexions, tous ces souvenirs qui échappent à la mémoire ou à l'imagination vulgaire, et qui doublent l'effet des sujets qu'on a décrits. C'est ce que ne peut guère effectuer celui qui est tout à la fois acteur et historien; il ne peut que noter les faits, il n'a point le loisir nécessaire pour combiner un plan, et en suivre l'ordonnance. D'ailleurs il est distrait par ses devoirs. Tu sentiras l'énorme différence des deux situations; mais dans la mienne, il se trouve cependant un avantage, c'est que je livre à tous les lecteurs, et sans qu'ils courent la même chance que moi, les sujets bruts que j'ai recueillis. Et si j'ai décrit fidèlement ce que j'ai vu, je m'établis en quelque sorte à la place de l'action elle-même, et leur procure la jouissance de se créer, chacun selon la vivacité de son imagination, des tableaux dont ils seront d'autant plus satisfaits, qu'ils en seront les artistes. Je serai donc goûté quelquefois, pour l'esprit que j'aurai fait éclorre; et peut-être parmi les imaginations que mes lettres pourront échauffer, il s'en trouvera qui sauront mettre en œuvre les matériaux que je fournis, avec tout le succès que semble comporter l'histoire d'un des plus beaux faits qui honorent le courage et la persévérance humaine et la valeur des armées.

Les gazettes espagnoles, les nôtres même, appellent Saragosse *la Nouvelle-Numance*; plusieurs traits analogues peuvent sans doute faire comparer les siéges de ces deux villes, mais les faits les plus importans me semblent diamétralement opposés. Comme *Numance,* Saragosse a soutenu deux siéges : le premier ne pourrait se comparer à celui que commandait le grand Pompée, que par le peu de succès de l'entreprise. Pendant sept ans des tentatives réitérées apprirent aux Romains combien il était difficile de vaincre les Numantins, et l'on choisit Scipion comme le général le plus capable de réussir à s'emparer de leur ville. Mais en comparant ce second siége, qui est celui qui donne le plus grand éclat à cette partie de l'histoire de l'Ibérie, avec celui de Saragosse que nous venons de terminer, on s'apperçoit que les chances étaient précisément en sens inverse, par rapport aux assiégés et aux assiégeans. Dans les deux cas ce n'est qu'à force de temps que les assiégeans sont victorieux ; les difficultés de tous genres se multiplient ; la patience, le courage, la persévérance s'y déploient de part et d'autre ; mais chez les Numantins, une petite quantité de braves, à la vérité plus aguerris que les Espagnols d'aujourd'hui, soutiennent pendant long-temps les efforts d'une armée de soixante mille hommes ; ce qui semble donner sous ce point de vue l'avantage aux Numantins sur les Aragonais : tandis qu'au contraire nous avons attaqué plus de

50,000 combattans, rétranchés et défendus par beaucoud d'artillerie, avec une armée de 30,000 hommes, ce qui donne bien un autre éclat à notre victoire qu'à celle des Romains. Considérant d'ailleurs seulement les nombres respectifs des troupes, abstraction faite des difficultés qui s'accroissent singulièrement (moyens de subsistance égaux de part et d'autre), lorsque les assiégés sont plus forts que les assiégeans, ce qui, je crois, s'est vu très-rarement, j'observerai en faveur des Aragonais que respectivement aux temps et aux sssiégeans, leur ville leur offrait sans doute moins de moyens de défense; car Numance devait être une forte place pour les moyens d'attaque usités alors, tandis que pour ceux que le génie nous a fait connaître les fortifications de Saragosse, sans l'indomptable courage de ceux qui les défendaient, étaient de peu de résistance. On peut ajouter encore que les Espagnols n'étaient point aguerris, que la plupart ignoraient les premiers élémens de l'art militaire; et qu'au contraire notre armée, forte de l'expérience et de tous ses succès dans le Nord, semblait, sous ce point de vue, réparer l'inégalité de force matérielle. Mais cette comparaison cessera bientôt d'établir un équilibre de puissance quand on pensera à la force morale qui animait tous les Aragonais défendant leur patrie, leur ville capitale; voulant se venger des affronts faits à leur pays; fiers de leur antique renommée, et exaltés par tous les sentimens de religion et de patriotisme. Enfin, mieux que tout cela, déjouant toutes nos combinaisons par leur ténacité, leur persévérance, leur courage; nous forçant à abandonner les tactiques connues et à perdre ainsi l'avantage que nous donnait le talent sur la force, pour les combattre avec des moyens semblables aux leurs, l'énergie, l'audace, la patience. De cette manière les Aragonais ont conservé l'avantage du nombre, et ces sentimens qui les rendaient si forts, devaient être naturellement plus puissans pour eux que pour nous. Cependant, c'est par la force ouverte que nous avons triomphé de Saragosse, tandis que Numance s'est rendue par la famine. Ce qui caractérise bien plus fortement le siége de cette première ville. L'on voit dès lors combien la comparaison qu'on voulait établir est peu juste, et combien la gloire des modernes surpasse celle des anciens dans ces deux faits d'armes célèbres.

Quant aux dangers extérieurs que nous avons pu courir, ils n'ont pas été beaucoup plus redoutables que l'attaque des habitans de *Lucia*, auxquels Scipion fit couper les mains; trait horrible qui déshonore son triomphe.

Je vois dans les deux siéges la même résolution dans les assiégés, de ne point survivre à leur honte; mais si les Numantins ont été plus fidèles à la remplir, en imitant des exemples assez fréquens, et que les mœurs du temps semblaient provoquer, je n'admire pas moins les Aragonais, en pensant que les progrès de la raison nous ont rendus plus humains. Je crois qu'il est plus grand, après une courageuse, mais impuissante défense, de subir la loi du sort, jusqu'à ce que la fortune nous fournisse les moyens de nous venger utilement. Il est à désirer qu'on puisse comparer avec plus de vérité les résultats de la prise des deux villes, et qu'ainsi que celle de Numance, celle de Saragosse nous soumette tout le nord de l'Espagne.

Il me semble que l'on pourrait trouver un terme de comparaison pour la constance, la valeur, l'audace d'une troupe assiégée, dans les fastes même de notre histoire moderne. Comme fait d'arme, le siége de Lyon en 93, offre un exemple qui peut-être surpasse la défense des Aragonais. Dix mille hommes aussi peu guerriers qu'eux y soutinrent les efforts d'une armée de 80,000 hommes ; tandis qu'à Saragosse ce sont les assiégés qui sont les plus nombreux. La difficulté de repousser toutes les attaques, de tenir tête à tant de monde est ici toute à l'avantage des Lyonnais, tandis que cette comparaison est au contraire toute au désavantage des Aragonais.

J'aurais pu te parler encore, mon cher Félix, des révolutions de Saragosse sous Philippe II, te raconter l'exil d'Antoine Pérez, le rejet de l'inquisition, la décapitation du grand justicier Jean-Baptiste Lanuza, etc. ; mais ces faits n'appartiennent point aux événemens militaires, et je les ai laissés pour d'autres temps ; ils trouveront leur place lorsque je te parlerai de l'Aragon en général.

Adieu, *mon cher ami :* je termine ici mon journal. Nous allons sans doute changer de poste et aller cueillir de nouveaux lauriers ; je serai fort heureux si je ne les achète pas plus cher que ceux-ci. Dans les suivantes je te parlerai du *canal de Tauste* et de celui appelé *canal royal d'Aragon*, qui doit faire le pendant de notre canal de Languedoc ; je te parlerai aussi de l'histoire de la province en général, ainsi que de ses antiquités, et lorsque j'aurai suffisamment observé le pays et ses habitans, je te peindrai le caractère du peuple et l'état physique du sol. Tout cela fera suite à mon journal sous le titre d'*Observations générales sur l'Aragon.*

COUP D'ŒIL

SUR

L'ANDALOUSIE.

COUP-D'ŒIL GÉNÉRAL

SUR

L'ANDALOUSIE.

J'AI parcouru toute l'Andalousie; je vais peindre ce que j'ai vu, non comme un nourrisson des muses, mais comme un guerrier passionné pour le beau. Mon but est de faire goûter aux autres une partie des sensations que j'ai éprouvées en parcourant l'antique Bétique; pour l'atteindre, je vais présenter, dans un cadre resserré, tous les souvenirs que cette contrée rappelle, et tracer fidèlement les différens aspects de son sol. Mes tableaux ne sont point achevés ; ce sont des ébauches : un jour, peut-être, je pourrai les terminer et les étendre (1), ou bien une main plus hardie se chargera de ce soin : mais ces croquis sont nouveaux, et par cela même ils auront quelque mérite.

(1) Lorsque je pourrai publier mon *Voyage en Andalousie.*

Cette partie de l'Hespérie, si célèbre chez les Grecs, les Romains, les Arabes et les Espagnols, si vantée de nos jours par des écrivains de tous les pays, est loin cependant d'offrir le même degré d'intérêt à toutes les classes d'individus qui y voyagent. Celui qui la considère par rapport à ses besoins journaliers, ou aux agrémens qu'il cherche; celui qui la compare aux belles contrées de la France ou de l'Italie, ne sera pas, sans doute, très-satisfait de ses réflexions. En effet, voici le tableau que l'Andalousie lui offrira :

Des nuits froides et des journées brûlantes, des vents qui portent le désordre dans les idées (1); de vastes plaines incultes qui couvrent la superficie des quatre royaumes; des propriétés immenses qui divisent tout le pays entre quelques grands propriétaires; des ruines à chaque pas, qui attestent de grandes révolutions et de sanglantes batailles; la masse du peuple ignorante et paresseuse; les grands vains, souvent orgueil-

---

(1) Le *solano* est un vent du Levant qui vient d'Afrique et souffle principalement en été : c'est le *siroco* des Italiens; mais ses effets sont plus violens et plus marqués en Andalousie. Les personnes faibles en sont malades; celles d'un tempérament sec et vif sont portées à la fureur. Il décompose le sang.

leux et bas ; tous faux (1) et superstitieux ; sans police, se poignardant de sang-froid au milieu des rues ; des mœurs très-dissolues, un ton grivois, point d'éducation, peu de sensibilité morale chez les femmes ; toutes les aisances et les douceurs de la vie presque généralement inconnues (2) ; une mauvaise cuisine, des auberges sales, mal fournies, peu nombreuses ; presque point de moyens de communication ; si peu de sûreté, que, dans aucun temps, l'on n'a pu voyager sans crainte, et sortir en hiver, à Séville, à Cordoue, après le soleil couché, sans risquer d'être arrêté. L'on peut juger, par cet aperçu, que l'Andalousie n'est plus aujourd'hui un pays très-délicieux, surtout pour des Français.

---

(1) Cette fausseté, je dois le dire, et j'aime à le croire, vient peut-être plutôt de leur éducation et de leur état de société que du cœur ; car souvent ils ont une franchise et une noblesse de caractère bien prononcées qui se distinguent surtout parmi les commerçans.

(2) Les tapisseries, les mouchettes, les lieux d'aisance, des meubles de toilette, indispensables pour la propreté, les cheminées, et une foule d'autres choses usuelles, sont presque tout-à-fait inusitées. Il faut cependant excepter de cette remarque quelques villes des côtes qui, par leur grand commerce avec les étrangers, sont plus au courant des usages reçus ; Cadix surtout, qui est une ville d'*Europe*, et non point d'*Espagne*, en particulier.

Mais l'homme qui viendra visiter cette contrée pour la connaître d'une manière plus particulière, pour étudier le caractère et le génie de ses habitans; qui, doué d'une imagination vive, se livrera à tous les souvenirs qu'elle retrace, à tout ce que peuvent lui inspirer le pays, les peuples et les événemens; celui-là, dis-je, ne sentira presque pas toutes les peines qu'elle offre en la parcourant: l'intérêt de ses recherches le fera passer sur ce qu'il y trouve de désagréable; pour lui, le tableau que je viens de tracer s'adoucira beaucoup; il trouvera l'Andalousie digne de son attention et de son étude.

Cette terre, vierge pour le poëte moderne (1), le philosophe, le politique, fournira à chacun d'eux des mines aussi riches que précieuses, d'où, avec de la patience et du courage, ils pourront retirer les matériaux les plus intéressans; ils trouveront presque partout un pays inculte, à la vérité, mais qui ne demande que des bras industrieux pour donner les productions les plus riches et les plus variées: une végétation extra-

---

(1) Je dis vierge pour le poëte moderne, parce que, à l'exception de quelques odes des poëtes espagnols, on ne peut guère citer que la belle description de la Bétique par Fénélon; encore le récit que fait Adoam à Télémaque, est plutôt la peinture de l'Age d'or ou du pays des Hespérides en général, que celui de la Bétique en particulier.

ordinaire, un ciel superbe, les beautés physiques des Alpes et des Pyrénées unies à celle des vallées de la Suisse ou des plaines de la France; les productions du Nord alliées à celles de l'Orient ou de l'Afrique; des plantes, des insectes nouveaux et magnifiques, des métaux précieux; des sites enchanteurs; des ruines, des ruisseaux, des noms qui réveillent la mémoire de grands événemens, doivent enflammer l'imagination du poëte, et lui inspirer des chants nouveaux et brillans pour célébrer l'heureuse Bétique, ce paradis des Arabes, patrie des Sénèque, des Lucain, des Columelle, des Trajan, des Adrien et des Théodose; théâtre des victoires et des défaites des Annibal et des Scipion, des César et des Pompée, des Goths et des Maures. Le philosophe trouvera un peuple alliant de grands vices à de grandes vertus; plein de caractère, de patience, de dévouement, d'exaltation, de vivacité et d'amour pour les beaux arts; généralement robuste et fort, mais dans l'état d'une grande dégénération morale. Il trouvera les causes premières de cette décadence dans les révolutions diverses et multipliées qu'il a essuyées; il verra dans ses annales l'histoire d'une longue servitude, phénomène d'autant plus remarquable, que sa position géographique rendait son pays indépendant, et qu'il fit toujours les plus grands efforts pour résister à l'oppression; il trouvera, dans son état actuel, le résultat des mauvais gouvernemens qui l'ont régi depuis long-temps; il y observera un singulier mélange de coutumes nationales, gothiques et mauresques; et enfin des femmes douées de formes divines, pleines de grâce, d'esprit naturel et de vivacité, auxquelles il ne manque qu'une éducation plus soignée pour être accomplies.

Toutes ces choses sont sans doute bien faites pour intéresser celui chez lequel les heureuses dispositions de la nature n'auront pas été viciées, et qui saura observer et juger. Loin de moi donc ces âmes froides et sans vie, qui ne savent ni voir ni admirer, pour lesquels le riche spectacle de l'univers se développe sans produire aucune sensation : qu'elles restent dans le cercle étroit de leurs idées, et ne me suivent point dans mes courses laborieuses et pittoresques.

L'imagination égayée par le souvenir de toutes les joyeuses aventures de *l'illustre chevalier de la triste figure*, je quitte les plaines de la Manche pour franchir la Montagne Noire (*Sierra-Morena*), qui, comme une longue barrière, sépare les Castilles de l'Andalousie. Don Quichotte me suit toujours; je voudrais m'égarer avec lui dans quelqu'une de ces vallées solitaires, et y trouver une nouvelle Dorothée lavant ses jolis pieds dans un ruisseaux; mais bientôt d'autres idées s'emparent de mon esprit; j'oublie, sans m'en appercevoir, le héros de *Cervantes* pour ne m'occuper que des tableaux successifs que m'offre la nature.

Les coteaux renommés de Val de Pégnas, couverts de vignes, sont remplacés par d'autres qui, s'exhaussant graduellement, deviennent, dans un assez court espace, des monts d'une belle élévation. A mesure que j'avance, une végétation active se développe à mes yeux : des sources bruissent de tous côtés; la verdure et la fraîcheur qu'elles entretiennent me plaisent d'autant plus que je quitte des plaines desséchées ou des coteaux incultes. Je ne rencontre point dans ces montagnes les scènes majestueuses des Alpes et des Pyrénées, mais j'y trouve l'aspect bizarre et sauvage des roches de seconde formation. Là sont des monts arrondis, accumulés les uns sur les autres, couverts de chênes verts ou de pins, ainsi que d'une foule d'arbustes divers; leurs flancs déchirés laissent apercevoir de beaux rochers de schistes, qui, par l'inclinaison de leurs couches ferrugineuses et jaunâtres, rendent le coup-d'œil aussi sombre que pittoresque. Ici, de larges et profonds ravins qui sillonnent ces montagnes, forment autant de précipices, au fond desquels coulent avec fracas les torrens qui les ont creusés; leurs côtés sont tapissés de blocs aigus et tranchans qui se sont détachés des masses voisines. Au lieu de ces longues crêtes sourcilleuses des roches primitives, je contemple d'énormes prismes de schistes et d'ardoises qui s'avancent sur ma tête, et paraissent prêts à m'écraser, ou qui se prolongent en murailles démesurées sur le bord des précipices, pour former l'ensemble le plus sinistre, et justifier pleinement le nom de *Montagne-Noire* (1).

Une superbe route, monument isolé de l'industrie et de la civilisation, traverse ces montagnes; quelques bergeries éparses, des maisons détruites sont les seuls vestiges d'habitions humaines qu'on rencontre pendant plusieurs lieues; mais partout j'aperçois des redoutes, des retranchemens, des fossés, des places de bivouac, ce sont les restes d'une défense plus glorieuse par ses efforts que par ses résultats. Ils marquent encore notre passage au-delà des monts. Après une marche longue et pénible, j'arrive à *Santa-Helena ;* c'est la première colonie de la *Sierra* (1). D'ici j'apperçois ses différentes ramifications se détacher et s'étendre, les unes vers l'occident pour former celle de *Constantina*, qui se lie à celle de *Ronda;* les autres vers le midi, pour grouper la *Sierra Nevada*, dont les som-

---

(1) Ce sont les *Montes Mariani* des anciens, où était le *Saltus Castulonensis.*

(1) *Sierra* signifie une *chaîne de montagnes*, ou simplement une *réunion de montagnes.*

mets, couverts de neiges, brillent au loin, et vont s'abaisser vers le cap de Gates, sous les eaux de la Méditerranée. Tout près de cette colonie, la vue du *château de Tolosa* rappelle à mon esprit les antiques triomphes des fiers Castillans; dans la plaine qui est à côté (dite *las Navas de Tolosa*), deux cents mille de leurs ancètres, conduits par trois de leurs rois, vainquirent quatre cent mille Arabes commandés par le roi de Cordoue. Ils détruisirent la moitié de cette nombreuse armée, et ne perdirent que trente combattans, *disent leurs historiens contemporains.* Un demi-quart de lieue de traversée, au pied d'une de ces longues murailles de schistes, au bord d'un abîme où coule l'*Almudiel*, une fissure entre deux rochers énormes qui semblent avoir été séparés par un tremblement de terre, forme ce qu'on appelle *l'Ecrase-Chien* (*Despegna Perros*). Peu après le spectacle change; A la chute méridionale des montagnes, je trouve un autre climat, un autre ciel, d'autres productions; les monts sont plus boisés, la nature est plus riante, et présente un autre aspect. J'y rencontre aussi d'autres hommes; j'y trouve les bons Allemands, et je me crois, pour un instant, dans les montagnes de la Saxe ou de la Silésie. Combien j'aime à entendre leur langue au milieu de l'Espagne! combien ces bonnes gens nous rappellent de souvenirs (1) ! Ces colons prouvent ce que peuvent l'industrie et le travail. Comment chaque Espagnol n'est-il pas frappé de l'énorme différence de culture et de manière de bâtir ; de l'air d'aisance et de propreté qui règne à *la Caroline ?* C'est la capitale de toutes les colonies de la Montagne ; les environs en sont délicieux ; toutes les propriétés y sont closes ; une foule d'habitations disséminées dans la campagne, ou bordant la route, animent le pays ; les oliviers, les orangers, les mûriers, prennent la place des chênes verts et des arbres à liége ; les routes sont bordées d'ormeaux ; les chemins creux sont tapissés de mousse ; partout on voit la vie et la fraîcheur ; enfin le paysage prend un coup-d'œil tout-à-fait

---

(1) En les voyant, en les entendant parler, je ne puis m'empêcher de faire la comparaison de notre position actuelle avec celle dont nous jouissions dans leur patrie. C'était aussi la nôtre, car nous avons trouvé, dans toute l'Allemagne, une nouvelle famille, des amis, des secours, des consolations. Mais là nous ne connaissions d'ennemis que les hommes réunis en corps d'armée. La bataille gagnée, la ville prise, nous trouvions des frères ; la campagne terminée, nous voyions l'amitié, l'amour, s'empresser à secouer nos armures poudreuses, et les roses remplacer les lauriers sur nos têtes. La joie que j'ai éprouvée en retrouvant les bons Allemands, a été partagée, sentie par tous mes camarades, par tous les Français qui ont traversé la Montagne-Noire.

étranger et nouveau par la quantité d'aloès et de raquettes qui croissent partout, entourent les champs de haies impénétrables, et font paraître chétives les plantes grasses de nos serres chaudes.

Ces chemins, ces routes, ces habitations, ces colonies, toute cette campagne nous fait souvenir du malheureux Olavides qui peupla ces montagnes, auparavant désertes et entièrement sauvages, repaire de brigands, qu'on ne passait qu'avec effroi. Victime de son zèle pour sa patrie, il fut jugé coupable, parce qu'il cherchait à répandre les lumières et à faire prospérer sa nation (1).

---

(1) *Don Paul de Olavides*, assistant de Séville et intendant des royaumes d'Andalousie, un des plus grands hommes qu'ait eus l'Espagne, a été une des plus illustres victimes de l'inquisition : il fut dénoncé à ce tribunal parce qu'il lisait Voltaire et Rousseau. Après avoir gémi pendant plusieurs années dans les cachots du saint office, il obtint son absolution en faisant son amende honorable. Envoyé dans un couvent, il parvint à gagner la confiance des moines, et s'échappa en France, où il resta pendant long-temps. (Il y était connu sous le nom de *comte de Pilos*). La vieillesse lui fit désirer de revoir sa patrie mais il ne pouvait s'y présenter qu'en homme converti des erreurs dont on l'avait accusé. Dans cette vue, *dit-on*, il composa son *Triomphe de l'Evangile*, ouvrage dans lequel il rassembla tout ce que l'on avait dit de mieux contre les incrédules. On en fit, en peu de temps, plusieurs éditions ; et ce livre fut tellement goûté, que son

Peu après la Caroline, je commence à découvrir l'Andalousie; je contemple, avec autant de surprise que d'intérêt, l'aspect pittoresque de son sol; à gauche, je vois, de l'autre côté de la vallée du Guadalquivir, les monts s'élever successivement jusque vers la *Sierra Nevada*, et couvrir ainsi toute la contrée du nord au midi, depuis le fleuve jusqu'aux bords de la Méditerranée, de sommités élevées, dont quelques-unes portent des neiges éternelles. A droite, en allant vers l'Océan, les monts, au contraire, s'abaissent, s'arrondissent pour former les plaines mamelonnées de Cordoue et de Séville. Ici, l'on voit une nature âpre, aride, sauvage, et souvent majestueuse; là, elle est plus riante, plus douce, plus diversifiée, et offre l'image de la culture et les traces de l'industrie.

A la vue de ce pays, que je vais parcourir, je me reporte à des époques successives où tant de peuples sont venus l'habiter. J'y vois arriver alternativement les Phéniciens, les Grecs, les Car-

---

auteur obtint de Charles IV la permission de rentrer en Espagne, et de finir ses jours à Baësa, dans le royaume de Jaen, où il mourut regretté de tous les bons Espagnols. (Note communiquée par mon ami don J. M***, l'un des plus savans Espagnols existans, et qui, par ses emplois et son esprit, était bien au fait de ce qui se passait alors à la cour.)

thaginois et les Romains, tous attirés par la bonté du sol et la variété de ses produits. Si j'en crois des relations moins certaines, les *Egyptiens*, conduits par Sésacus leur roi, les peuples de l'*île de Lesbos*, ceux de *Milet* et de la *Carie*, dans l'Asie mineure, vinrent aussi y établir des colonies. Varron y fait arriver les *Ibériens de l'Asie;* Silius Italicus, les *Sarmates;* et d'autres, les *Perses*, les *Arméniens* et les *Mèdes* (1). Si l'on joint à ces peuples orientaux ceux du Nord, dont la migration est prouvée, tels que les *Celtes*, les les *Suèves*, les *Alains*, les *Goths*, les *Visigoths*, les *Normands*, les *Vandales*, et enfin les nombreuses tribus d'*Arabes* de la Palestine, de la Syrie, de l'Irack, de l'Iemen, ou les *Berbères* de la Mauritanie, qui couvrirent l'Espagne et y succédèrent aux Goths, on aura sans doute une singulière idée du mélange qui forme l'Espagnol d'aujourd'hui. Enfin, l'on doit encore y joindre les races nombreuses de Juifs qui firent pendant long-temps une partie considérable de la population du pays, et ces hordes de Bohémiens ou d'Egyptiens qui s'y répandirent comme un tor-

(1) Le fameux *Benoist Arias Montanus*, né en Andalousie, à Fréjénal, dans la sierra de Séville, ce qui le fit nommer *Montanus*, fait aussi arriver en Espagne les Hébreux, sous la conduite de *Nabuchodonosor*, roi de Babylone.

rent, et l'infectèrent vers le quatorzième siècle.

Je quitte avec regret les colonies; je dis adieu à mes bons Allemands, et je descends dans la vallée du Guadalquivir, qui, des montagnes de Cazorla, vers l'est, traverse toute l'Andalousie pour aller se jeter à l'ouest dans l'Océan. Bientôt j'arrive à *Baylen*, situé au milieu d'une campagne immense plantée d'oliviers. Cet arbre, symbole de la paix, *ne m'offre ici que les idées les plus tristes;* le vert grisâtre de ses feuillages donne un aspect sinistre à toute la contrée. Je foule à chaque pas une terre imbibée du sang de mes compatriotes. A côté de la ville, entre deux collines arides et nues, coule, au milieu de gros cailloux, un torrent nommé l'*Herrumblar*. Il fait tourner, auprès d'un beau pont, un moulin qui s'y trouve pour animer le paysage le plus agreste, le plus silencieux, le plus triste qu'on puisse voir. En effet, ce fut là qu'on vit un petit nombre de braves, pressés de toutes parts, accablés de lassitude, affronter mille morts pour étancher la soif qui les dévorait. Revers sans honte, victoire sans honneur, telle fut, pour nous et nos ennemis, la bataille de Baylen. Hâtons-nous de quitter ce théâtre de mort et de carnage; chassons les idées sinistres qu'il nous laisse; côtoyons les bords riants du fleuve, et parcourons les principales villes de la contrée. Toutes m'offrent des souvenirs intéressans, me rappellent de grands événemens et attestent la puissance du temps sur les ouvrages des hommes.

L'huile est le principal commerce du pays : il y croît peu de vin ; mais chaque année de longues files de mulets traversent la Sierra, pesamment chargés d'outres, et viennent apporter à Baylen, ainsi que dans une grande partie de l'Andalousie, les produits superflus des vignes de la Manche ; ils rapportent en échange ceux des oliviers, moins communs en-deçà des montagnes.

Anduxar, qu'arrose le Guadalquivir, est situé au milieu d'un terrein fertile qui fournit en abondance du grain, de l'huile, du vin, du miel, du gibier et des fruits; tout près, au pied de la montagne, est un fameux ermitage où se rendent journellement grand nombre de pèlerins. Au-dessus de la ville, en remontant le fleuve, on trouve une église dédiée à *sainte Potenciene*. Seule au milieu des ruines, les champs d'alentour sont couverts de débris, d'inscriptions sépulcrales ou dédicatoires. Là était l'antique *Illiturgis*, surnommée *Forum Julium* : détruite par Scipion, elle fut relevée par les Arabes à la place où est aujourd'hui Anduxar. Plus loin, près d'Espéjo, était *Ituci*, ou la colonie *Virtus Julia* des Romains, qui servit d'asile à Servilianus fuyant les armes victorieuses de Viriate. Près du château de la Guardia était la *Mentessa Bastia*. Noelejo, petit endroit peu connu, s'est élevé des ruines de la *Viniolis de l'empereur Antonin*. Baëza a remplacé la *Bacsia*, où Servilianus fit couper les mains à cinq cents soldats qui s'étaient rendus avec leur capitaine. Ce pays fut pendant quelque temps le théâtre des exploits et des revers de ce général et de Viriate, son antagoniste. Jaen, ville forte, capitale d'un royaume sous les Maures, fut l'*Oringi* des Romains, célèbre alors par ses mines d'argent et la fertilité de son sol. Des inscriptions nombreuses, les ruines de ses thermes, qui subsistent encore sous le nom de *bains de don Ferdinand*, prouvent sa haute antiquité. Autour de Linarès, des monumens détruits, les restes d'un acqueduc, attestent qu'elle était jadis beaucoup plus importante. Non loin d'elle était *Castulon*, ville de la province carthaginoise aux confins de la Bétique, près de laquelle se donna la bataille de *Becula*, où Scipion vainquit Magon et Massinissa. Enfin, partout, au milieu de ces monts antiques, les travaux des hommes se trouvent en ruines. A peine, dans le cours des siècles, s'aperçoit-on de la dégradation de ces montagnes, tandis que les villes et les nations, au loin, se sont détruites et remplacées. Autour de la *ville de Mars* (*civitas Martis*), aujourd'hui Martos, je trouve des inscriptions qui m'apprennent qu'elle a succédé à l'*Accatuci*, surnommée *Augusta Gemella*. Un vieux château moresque domine la ville sur des ruines romaines. La roche sur laquelle il est bâti est célèbre dans tout le pays; et ce n'est qu'avec une crainte respectueuse que les paysans des environs racontent l'histoire des deux frères *Carvajal*, commandeurs de l'ordre de Calatrava, qui en furent précipités comme d'une nouvelle roche tarpéienne, par ordre du roi de Castille *Ferdinand*, dit l'*Ajourné* (1). Au moment de leur mort, ils appelèrent de leur jugement au tribunal de Dieu, et citèrent le monarque pour y comparaître dans un mois. Le roi mourut, à ce que l'on assure, subitement vingt-cinq jours après, et depuis lors, on ne montre ce rocher qu'avec admiration.

Mais j'arrive au pied des hautes montagnes; d'autres scènes, d'autres souvenirs m'attendent. Je vois de leurs flancs sortir des sources nombreuses; les eaux se partagent pour porter leurs tributs vers les deux mers; les unes s'écoulent dans le Guadalquivir, les autres vont se jeter dans la Méditerranée. Hâtons-nous de gravir les plus hautes sommités, et de jouir du beau spectacle qui va se développer à mes yeux... Un dédale de monts épouvantables, qui tantôt s'élèvent sur les cimes d'autres montagnes pour porter leurs têtes audacieuses jusqu'aux nues, ou bien étendent au loin leurs flancs énormes pour former des croupes immenses ou des crêtes élevées et menaçantes. Ces monts laissent entre eux de larges et profon-

(1) *L'emplazado*, ou *l'ajourné devant le tribunal.*

des vallées, que l'œil ne peut mesurer, qui se succèdent et s'étendent au loin, et forment de vastes sillons où l'on découvre les habitations des hommes comme des points dans l'immensité. Des glaces, des neiges éblouissantes couronnent les têtes des monts; le soleil, en y réfléchissant ses rayons, forme un spectacle aussi grand que magnifique. Un air froid et vif, une atmosphère éthérée et bleuâtre, un silence imposant, vous environnent et vous font éprouver des sensations vives et profondes.

Je retrouve sur les cimes glacées des *Alpuxarras* les neiges éternelles des Alpes et des Pyrénées (1), tandis qu'à leur pied l'on éprouve l'influence du climat brûlant de l'Afrique. Je cueille sur ces montagnes les plantes du Nord, et celles qui sont indigènes aux plaines de la Barbarie ou de la Palestine; je vois voltiger sur leurs sommets le bel Apollon, le papillon des glaciers, tandis que je prends dans leurs vallées les Panorpes de

---

(1) *Don Simon de Rojas y Clémente*, l'un des plus savans Espagnols existans, a fait des observations qui prouvent que les hautes sommités de la *Sierra Nevada*, qui fait partie des *Alpuxarras*, sont plus élevées que le Pic-du-Midi, dans les Pyrénées. Le *Pic-de-Veleta* a 1781 toises 16, et le *Mulahacen* 1824-47. (*Voyez son ouvrage sur les vignes d'Andalousie.*)

l'Orient (1). Le sol sur lequel elles reposent ne contribue presque point à leur élévation ; elles s'élancent du niveau de la mer jusqu'au séjour des frimats, et leur hauteur positive se compte ainsi dès leur base. De leurs flancs naissent une foule de petits fleuves qui vont, non loin de leurs sources, se jeter dans la Méditerranée, et fertiliser ses rivages. Au grand spectacle d'une nature âpre, sauvage dans ces montagnes, se joignent les scènes plus pittoresques et plus aimables qu'ils fournissent, ou celles tantôt affreuses et tristes, tantôt imposantes et gaies, que montre cette mer.

Du sommet de ces monts antiques, j'aperçois les tours de l'Alhambra, et toute cette belle *vega* (plaine) *de Grenade*, si riche et si renommée, qu'arrosent le Xénil et le Darro. Cette ville, grande des ruines d'*Illiberi*, me rappelle des palais magnifiques, des bains délicieux, des fêtes, des tournois où brillaient la valeur et la galanterie des Arabes, des révolutions multipliées, des scènes d'amour et de jalousie : enfin tout ce que racontent les romanciers espagnols, et Cervantes dans ses Nouvelles.

Je cherche en vain dans les Alpuxarras, sur la

---

(1) Le *Panorpa Coa*, que j'ai trouvé aussi aux environs de Valladolid, et une autre espèce plus petite et sans taches aux ailes.

foi d'*Artémidore* et d'*Asclépiade*, les ruines de la ville d'Ulysse (1) et de son temple à Minerve. Cette colonie des Grecs, si elle a existé, n'offre même plus de vestiges qui indiquent sa place; mais partout je rencontre ces galeries abandonnées des mines exploitées jadis par les Romains et les Maures, et qu'on négligea lorsqu'on connut celles du Potosi.

Descendons de la Sierra Nevada; quittons les majestueuses horreurs des roches primitives pour côtoyer les bords de la mer. Depuis les confins de l'ancienne Bétique au fleuve *Almanzor*, je trouve les restes de *Barea*, dont s'est agrandi Vera, et ceux de *Murgis*, qui ont formé Mujacro. Après avoir passé le *promontoire de Caridène*, aujourd'hui cap de Gates, je trouve Adra, qui s'est élevée des ruines de l'antique *Abdera*, patrie du célèbre *Démocrite*, où vint Ulysse (2); c'est l'une des premières colonies des Phéniciens sur ces côtes. C'est en vain que je cherche la place de *Menaca*. « Ses ruines, dit Strabon (3), annoncent les vestiges d'une ville grecque. » Elle était donc déjà détruite du temps de ce géographe; et

---

(1) Strabon parle d'*Ulissea* d'après Artémidore, Possidonius et Asclépiade. Tom. I, liv. 3, p. 223.

(2) Quelques auteurs ont prétendu qu'Ulysse était venu à Abdera. *Voyez* Strabon, lib. 3, p. 32 et 35.

(3) Strabon, lib. 3, p. 236.

peut-être depuis lui, d'autres, sur la même place, ont subi le même sort. Au milieu de ces débris échappés au temps, je goûte le plaisir de trouver encore Malaga, qui, non moins ancienne que les villes que je viens de nommer, et plus heureuse qu'Abdera, a conservé son premier nom et son importance (1). Les coteaux qui l'entourent donnent ces vins liquoreux si estimés et si connus qui font la richesse de son sol. Sur toute cette côte, j'ai trouvé des champs de cannes. A Motril, la culture plus considérable de cette plante, les moulins en activité pour en retirer le produit, me font, pour un instant, penser aux pays qu'arrosent l'Amazone et le Mississipi : mais ici point d'esclaves achetés; et tout en gémissant du mauvais état des établissemens destinés à la préparation du sucre, je vois dans l'avenir la possibilité, sous un gouvernement paisible et réparateur, d'établir assez de plantations pour en fournir à une partie de l'Europe.

Combien d'autres productions exotiques ne pourrait-on pas ainsi naturaliser dans ce sol heureux ! et par-là, de combien de tributs, ô fortunés Andalous, ne vous affranchiriez-vous pas, si vous saviez tirer parti de sa merveilleuse fécondité ! En effet, quelle autre terre est plus fertile et peut réunir des productions si différentes que celle de

---

(1) Elle se nommait primitivement *Malaca*.

ces peuples ? Les plus belles moissons peuvent y croître à l'ombre des dattiers ; les oliviers, si nombreux d'ailleurs, pourraient donner l'huile la plus douce et la plus substantielle, si on apportait plus de soins à sa préparation ; les figues les plus sucrées croissent partout en abondance, et tous les fruits y acquerraient bientôt la plus grande délicatesse, si on avait l'art de les cultiver et d'entretenir la fraîcheur de leurs racines. Où le miel serait-il meilleur que dans ces montagnes, où croissent les plantes les plus odoriférantes et les plus propres à la nourriture des abeilles ? L'arbre qui produit le coton, la canne qui fournit le sucre, le chêne qui nourrit le *kermès*, le frêne d'où découle la manne, pourraient assez se multiplier dans ces campagnes pour rendre tributaires à leur tour une partie des habitans de notre continent ; et n'est-on pas en droit d'espérer qu'à ces productions l'on pourrait joindre le *cactus* qui porte la cochenille, et la plante qui donne l'indigo, puisqu'on y voit croître et prospérer quelques plantes des climats analogues, telle que la patate d'Amérique, si sucrée et si nourrissante ? Si la chaleur qu'elles demandent accable les Andalous pendant l'été, n'ont-ils pas avec profusion ces *oranges* si exquises, ces *limons* aigrelets, ces *cédras* parfumés, ces *citrons*, ces *pastèques* si raffraîchissans, et ces vins généreux qui se récoltent sur leurs coteaux ? Ceux de *San-Lucar*, de

Rota, de *Xérès*, de *Paxarète*, de *Malaga*, et une foule d'autres moins connus, se font en Andalousie. Les brebis de ce pays, dont les laines étaient déjà estimées des Romains, pourraient couvrir en bien plus grand nombre ses collines, sur lesquelles on pourrait voir aussi bondir et paître les *vigognes* (1) et les *pacos* (2) des Andes : ces animaux qui portent la plus belle des toisons, et qui, croisés avec elles ou avec les chèvres, fourniraient de nouveaux produits à l'économie domestique (3). Que peut donc désirer ce beau pays, sinon la paix et la bienfaisante industrie?

De nouvelles ruines fixent mes regards ; ce sont celles de *Singilis* et de *Nescania* : celle-ci était

---

(1) *Camelus vicugna*, Gmelin, Syst. Nat.

(2) *Camelus paco*, id.

(3) L'on doit à M. de Théran, ancien intendant de San Lucar de Barrameda, de posséder en Espagne ces animaux précieux. J'ai vu dans son jardin d'acclimation, deux *pacos mâles*, une *vigogne femelle*, et une *métis* née d'un père *paco* et d'une mère *vigogne* ; ce qui prouve, contre l'opinion reçue chez les naturalistes, qu'ils peuvent se croiser. Ces animaux vivent et se multiplient à Buenos-Ayres, dans un climat semblable à celui de San Lucar. Ceux de M. de Théran étaient en pleine domesticité, et tout faisait espérer qu'ils se reproduiraient. Ils se nourissent principalement de plantes malvacées. On prétend que cette race est prête à s'éteindre.

située dans la vallée d'Abdalaciz, où coule sans doute encore sa fontaine sacrée, célèbre sous les Romains (1). Tout près se voit Antequera, déjà connue à cette époque. Cette ville vit sous ses murs une sanglante bataille: le régent de Castille, armé de l'épée de saint Ferdinand, défit le roi maure de Grenade, qui avait plus de cent mille soldats. Bientôt après elle soutint un siége mémorable par la constance des Arabes assiégés; insensibles à la plus horrible misère, ils furent pris d'assaut, et presque tous y périrent. Mais un nom plus célèbre attire mon attention tout entière : au pied des *montagnes de Coin*, sur le bord d'un petit ruisseau, est situé Monda, petit endroit presque désert, jadis ville considérable. A côté se trouve une plaine où se donna cette fameuse bataille qui décida, entre César et les fils de Pompée, du sort de l'Espagne. Ce fut d'elle dont ce grand capitaine disait, *que souvent il s'était battu pour l'honneur et la gloire, mais qu'en ce jour il s'était battu pour la vie.* En quittant ce champ de mort, un spectacle aussi triste s'offre à ma vue : près de Monda fut *Astapa*, dont la défense héroïque et le sacrifice désespéré de ses habitans sont célèbres dans les fastes de l'histoire de la Bétique. A sa place on voit aujourd'hui la petite ville d'Es-

(1) Masdeu, Esp. crit. 21, t. 5.

tepa. Enfin je ne puis parcourir ces contrées sans fouler le sol de quelques villes autrefois grandes et puissantes, ou bien les cendres, les débris de tant de bataillons de Carthaginois, de Romains ou d'Arabes qui les ont dévastées tour à tour.

Mais laissons pour un instant les scènes de désolation que nous retrace l'histoire de toutes ces guerres; en entrant dans la *Sierra de Ronda*, la vue de ce pays intéressant me donne des idées plus gaies et plus douces. Ici les monts sont moins élevés que dans les Alpuxarras, et leurs sommets arides, calcinés, grisâtres, prolongés en crêtes aigues et sinueuses, remplacent les cimes glacées de la *Sierra Nevada ;* leurs flancs portent l'empreinte du déchirement qui réunit la Méditerranée à l'Océan ; les sommités inférieures, formées de débris agglutinés, sont arrondies, couvertes d'arbres à liége, de chênes verts et de pins, sous lesquels croissent ces cistes précieux qui donnent le *ladanum* (1) ; ceux-ci balancent leurs têtes à six ou huit pieds dans l'air, et leurs magnifiques et passagères corolles, purpurines, dorées ou blanches, parsèment la campagne des plus vives couleurs. Loin des habitations, de vastes coteaux incultes sont couverts de bruyères, de landes, de genêts d'Espagne, d'alaternes, de térébinthes ou

---

(1) *Cistus ladaniferus, incanus, halimifolius.* Lin.

de chênes nains qui portent le kermès; mais les vallées, les pentes douces offrent une culture aussi soignée que diverse : le blé, l'orge, le lin, les fèves, le chanvre, les vignes, les oliviers, les orangers et toute espèce d'arbres fruitiers, entourent les hameaux, ainsi qu'une foule d'habitations isolées, disséminées dans la campagne, qui donnent la vie au paysage et surprennent le voyageur peu accoutumé à voir des scènes aussi variées en Espagne. De beaux et grands villages, cachés dans les vallées, perchés sur des plateaux élevés et qu'on découvre à droite et à gauche de la route, vous donnent une grande idée de ces montagnards, qui pourtant sont des contrebandiers. Ce contraste de la nature sauvage et cultivée est du plus grand intérêt; on trouve peu de terrein perdu; jusque sur les sommités des rochers l'on découvre quelques bouquets de grains ou quelques ceps de vignes; le paysage est partout varié : l'œil, fatigué de la vue des rocs arides, se repose avec délices sur les pentes fertiles couvertes de grains et de vignes. A Grassalema une foule de manufactures de gros draps, des moulins sans nombre, attestent ce que peut l'industrie et ce que pourraient être une infinité de parties de l'Espagne si elle y était encouragée. Ces moulins garnissent les bords de beaucoup de ruisseaux qui sortent de toutes les vallées pour grossir de petits fleuves; ceux-ci se précipitant d'abord avec fracas à travers les débris des rochers, augmentent leur onde écumante, pour aller ensuite d'un cours paisible se jeter dans la Méditerranée ou dans l'Océan. Ainsi naît et s'enfuit le Guadalète, ou rivière d'Or, des sommets de la Sierra dans les plaines d'Arcos, où l'on place communément les champs Elyséens d'Homère.

Si du fond des vallées je m'élève sur les principales hauteurs, un spectacle magnifique se développe à mes yeux : du sein de l'onde paraît s'élever le rocher de Gibraltar; à sa droite, je vois l'Océan; à sa gauche, la Méditerranée; dans le lointain, les côtes d'Afrique et les chaînes de l'Atlas qui bordent l'horizon; à mes pieds je découvre des torrens, des précipices, des monts entassés, des villages éparpillés dans les situations les plus pittoresques; enfin tout se réunit pour m'accabler de sensations multipliées. Ces monts me rappellent la première conquête et le dernier asile des Arabes; ils me montrent le théâtre de guerres longues et meurtrières entre ces peuples usurpateurs et les Espagnols opprimés, entre ceux-ci vainqueurs et les autres vaincus à leur tour. Chaque sommité conserve encore les ruines des innombrables forteresses tant de fois prises et reprises par chacun d'eux alternativement: et comment ne me rappellerais-je pas ces guerres anciennes, quand, en gravissant ces rochers élevés, à la poursuite des montagnards indomptés et sauvage de cette sierra, je m'assieds haletant pour reprendre mes forces, et qu'arrivé au sommet je découvre tout le riche spectacle dont je viens de parler? Ah! si je triomphe des périls que m'offre cette guerre, combien je désire de pouvoir parcourir une autre fois ces montagnes, l'orsqu'une paix glorieuse m'aura permis de suspendre mon épée à côté de celle de mes pères (1)!

Arrivé à Ronda, les restes de l'ancienne manufacture de fer étamé me font gémir sur la négligence du dernier gouvernement; mais à peine entré dans la ville et à la vue d'un pont hardi, élevé de 276 pieds sur un précipice effroyable, je m'arrête saisi d'étonnement. Il est acculé à deux énormes rochers coupés à pic; la pile qui soutient la grande arche repose au fond de l'abîme, où coule entre de gros quartiers de rochers le petit fleuve *Guadiaro*, qui y fait tourner plusieurs moulins; des filets d'une belle eau tombent en cascades du flanc des rochers jusqu'à leur pied, où l'on descend par un escalier de 400 marches, taillé dans le roc. C'est un ouvrage des Maures; tout vous rappelle, dans ce pays, cette

(1) J'ai parcouru cette sierra dans la première expédition qui y fut faite sous les ordres du général Maranzin, composée des 40e. et 103e. régimens.

nation industrieuse et intéressante qui, sortant sauvage et barbare des déserts de l'Afrique, vint se civiliser et s'adoucir en Andalousie par la bienfaisante influence de son climat (1). Partout vous voyez ce qu'elle fit pour l'Espagne, et partout les restes de ses travaux, attestant des habitations au milieu des déserts actuels, la civilisation d'alors au lieu de la barbarie d'aujourd'hui, font regretter des peuples qui n'ont été si décriés que par l'opposition de leurs principes religieux avec les nôtres, et parce qu'ils ont été vaincus.

A Ronda existent encore quelques descendans de ces malheureux empereurs du Mexique, dont les Espagnols condamnèrent la postérité à une longue infortune. J'ai vu, pauvres et oubliés, les fils de Montezuma, portant encore ce nom si célèbre (2). Je sors de cette ville qui fut l'*Arunda*

---

(1) L'influence du climat de l'Andalousie ne fut pas l'unique cause de la civilisation des Maures, et elle n'est peut-être que secondaire. La première et la plus importante fut sans doute l'arrivée des Arabes de l'Orient, qui, des rives de l'Euphrate, apportèrent en Espagne la connaissance des sciences et des lettres. Il y eut même, pendant long-temps, des relations suivies entre les écoles de Cordoue et de Grenade, et celle de Bagdad.

(2) Les deux fils de Montezuma, détrônés par Cortez, furent conduits en Espagne en otages. La branche aînée, qui portait le titre de comte, s'est éteinte. Celui qui subsiste aujourd'hui verra sans doute finir sa race, car

des Romains, et je trouve tout près Paxarète, dont le vin est si recherché. Ce village appartient à M. de Giron, issu des Montezuma, connu dans la guerre de 1793 avec la France, sous le nom de *marquis de las Amarillas*. Tout me retrace, dans ma course rapide, des souvenirs importans; ici fut *Acinipe*, municipalité romaine; ses belles ruines attestent sa magnificence passée; on la nomme aujourd'hui la vieille Ronda. Là était *Arunci*, aujourd'hui Moron; plus loin se voyait *Turo Briga :* des ruines et le vieux château de Turon marquent sa place. *Salpesa* était près d'Utrera. Toutes ces villes étaient habitées, selon Pline, par des Celtes qui s'étaient établis dans ces montagnes. Mais avant que de quitter les environs de Ronda, je visite la *Grotte de Pompée;* une ancienne tradition que les laboureurs des environs me répètent, m'apprend que *Cneïus*

---

il n'a point d'enfant mâle. Il a conservé son nom antique et célèbre. Il était brigadier sous Charles IV. Je crois que ce fut sous Charles V, ou son fils, que cette malheureuse famille représenta à la cour que les descendans de tant de monarques étaient réduits à la mendicité. La cour eut alors *la grandeur d'âme* de leur assigner une rente perpétuelle de mille douros, ou cinq mille piécettes, payable au Mexique. Cependant celui qui porte aujourd'hui ce titre jouit de 150,000 livres de rente payables sur les revenus du Mexique.

Pompeius, accablé de lassitude après la bataille de Monda, fuyant les armes victorieuses de César, y fut surpris par des soldats romains qui, après lui avoir tranché la tête, la portèrent à leur général. Peu loin de là, j'admire la singulière position de Zaharra, vieille forteresse des Maures ; quelques inscriptions enseignent au voyageur attentif qu'à sa place existait *Lastigi*. Tout près est *Algodonales*, situé à mi-côte au pied d'un rocher coupé presqu'à pic : il présente la situation la plus pittoresque. Ce village peu connu, mérite de l'être. La défense héroïque de ses habitans dans la dernière guerre, placera son nom à côté de celui des villes célèbres par un dévouement extraordinaire. Le farouche *Romero* le défendait : peindrai-je le courage de cet homme exalté, qui, seul avec deux des siens, entouré de sa femme et de ses filles, voulut vendre chèrement sa vie avant de recevoir la mort ? Semblable à un lion furieux, il s'entoura de nombreuses victimes, et trop fier pour se soumettre, trop barbare pour être touché de l'état de sa famille, qu'il sacrifiait à sa fureur, et à laquelle il semblait l'avoir communiquée, Romero se présenta audacieusement à découvert pour recevoir un coup mortel, lorsqu'il sentit que les flammes allaient gagner la dernière chambre où il s'était retiré. Telle fut la fin de cet homme, qu'un bataillon tout entier entoura dans la maison qu'il avait choisie pour s'y défendre.

Chaque maison soutint un siége ; l'incendie nous donna la victoire, que nous payâmes, hélas! bien cher. Mais, le croira-t on! les malheureux habitans ne voulant pas se rendre, aimaient mieux être dévorés par les flammes. Souvent les familles, les amis, les voisins, réunis au nombre de vingt ou trente dans la même habitation, après une défense incroyable, mouraient en prononçant contre nous les imprécations les plus affreuses. Quel exemple de résolution, et quel invincible courage!!! A quelque distance d'Algodonales on aperçoit les crêtes Pelées, qui entourent *Grassalema*, et à ses pieds un petit ruisseau qu'on nomme *la Bouche des Lions*, qui serpente dans la vallée et va se jeter dans la Guadalète. Cette campagne si cultivée, si belle, au milieu des bruyères, des landes et des Cistes qui couvrent le reste du pays, forme réellement un spectacle intéressant. Il faudrait s'arrêter à chacun des villages qui peuplent cette *sierra;* tous offrent des positions singulières ; *Atahate*, *Benaocar*, *Benadolid*, *Appenderé*, *Gataucin*, et une foule d'autres, dont les noms rappellent les Arabes, garnissent la route pénible qui mène à Gibraltar. En approchant de ce port si fameux, j'aperçois Saint-Roch, qui doit son existence à un fléau terrible (1), et qui est connu par les tenta-

(1) Saint-Roch doit sa naissance à une chapelle dédiée à ce saint, où l'on allait en pèlerinage en l'année

tives de deux nations unies pour conquérir un rocher, la honte de l'Espagne, l'envie des nations; au pied est Gibraltar, tour à tour pris et repris plus de vingt fois par les Arabes et les Castillans, sujet de tant de guerres et de traités entre les potentats de l'Europe : ce fut le premier point où débarqua *Tarik* avec une poignée de Maures. Hercule, suivant la fable, détacha Calpé d'Abyla pour ouvrir un passage à la Méditerranée; c'est ainsi que la Mythologie dénatura un événement physique dont on trouve partout des preuves irrécusables dans la Sierra; événement dont on trouve aussi des témoignages dans l'histoire des nations, et qui causa peut-être l'engloutissement de l'incertaine Atlantide de Platon. Quelques-uns prétendent que la fable d'Hercule n'est que l'allégorie d'un homme célèbre qui fit exécuter cette rupture. C'était, dit Pline, l'ancienne croyance des naturels du pays, qu'elle avait été faite par la main des hommes : sans discuter cette opinion, je m'en tiens aux preuves physiques que me fournissent toutes les montagnes de la Sierra, et les côtes, tant en Afrique

---

1647, que la peste se fit sentir à Gibraltar. On prétend que ceux qui allèrent y prier ne moururent pas. De là vint le commencement d'une petite ville, qui s'accrut ensuite lors du siége entrepris par les Français et les Espagnols réunis. Les habitans, disséminés dans la campagne, s'y rassemblèrent pour se mettre en sûreté.

qu'en Europe. Au pied de Calpé, dans les siècles les plus reculés, existait la ville d'Hercule, *Heraclea*, qu'on croit antérieure à Cadix; de ses ruines naquit la ville de Calpé, dont les murailles se voyaient encore du temps de Thimothène (1); à cette dernière succéda Gibraltar. Cette ville est le Montpellier de France pour la salubrité de l'air. Si l'on monte sur le sommet du rocher qui la domine, le plus beau spectacle se développe à la vue. C'est sans doute l'un des plus magnifiques de la terre.

Deux mers, le détroit d'Hercule, la baie d'Algéciraz, l'Afrique, puis les monts élevés de l'Atlas qui semblent soutenir le ciel, frappent d'abord vos regards; devant soi s'élève *Abyla*, compagnon subordonné de Calpé; à sa chute occidentale est Ceuta, appelée *Exilissa* par Ptolémée, célébrée par les poëtes arabes, illustre et lamentable théâtre de victoires et de défaites, d'agrandissement et de ruines; puis l'on découvre les *monts des Sept-Frères;* et à moitié chemin de Tanger, presque en face de Tarifa, l'on aperçoit Alcazar-el-Zaguer, petit endroit fondé par *Jacob Almanzor, empereur des Almohades,* d'où s'embarquèrent cette multitude de hordes d'Arabes qui descendirent en Espagne. Tout près sont les *Couteaux de Syris*, qui forment avec Tarifa la gorge la plus étroite du dé-

(1) Voyez Strabon, tome I, lib. 3, p. 205.

troit; puis vient Tanger, anciennement *Tingis*, *la seconde Mecque* des Mahométans, l'une des premières villes d'Afrique, colonie romaine sous le nom de *Julia traducta Tingi*, possédée par les Phéniciens, les Carthaginois, les Romains, les Vandales, les Maures, les Portugais, les Anglais; détruite et abandonnée à diverses époques, et dernièrement réédifiée par l'empereur de Maroc. Enfin, l'on voit au plus loin, vers l'occident, *le cap Spartel*, dont les habitans sont sauvages et barbares comme ceux de l'intérieur de l'Afrique; là commence l'immense Océan.

Après avoir admiré les côtes d'Afrique, examinez celles d'Europe qui semblent être à vos pieds: à la chute de Calpé, près de Gibraltar, se découvrent les ruines de *Carteya, la Tartesso* des Grecs, patrie de Pomponius Mela, exemple frappant des revers de la fortune; les vaisseaux combattent dans la baie, le bruit de leurs canons résonne au loin, sans que personne l'écoute dans cette ville jadis si célèbre, première colonie des Romains en Espagne, port si fréquenté de toutes les nations antiques. Ensevelie dans le silence et la ruine, isolée au milieu des décombres, une seule tour indique sa place (1). A gauche, l'on aperçoit les côtes de Malaga, où le brave comte de Toulouse défit les escadres combinées

(1) La tour de Carthagène.

de Hollande et d'Angleterre. Enfin, la vue se porte sur les neiges éblouissantes des Alpuxarras, qui brillent au loin et terminent de ce côté l'horizon. Derrière soi, le spectacle change : un tableau tout différent s'offre à vos yeux et forme un contraste imposant avec ceux qu'on vient d'admirer. La vue, plus bornée, plus sombre, offre toutes les montagnes de la Sierra, qui semblent s'élever les unes sur les autres ; l'on distingue les hautes cimes *du désert du Cerf*, les *monts de Hojen et de Sanoma ;* et plus près de soi, au fond de la vallée où coule le Guadiaro, le vieux château de Gaucin et sa haute tour.

Avant de quitter Calpé, parcourez cette terrible montagne, remplie de fortifications jusqu'à son sommet ; l'art, forçant la nature, a creusé de vastes souterrains dans ce rocher, monument de la patience et de l'opulence de nos fiers ennemis. Ils sont prolongés en longues galeries, hérissées de canons, qui se succèdent ainsi, les unes au-dessus des autres, de la base au sommet de la montagne. Visitez encore la grotte antique de *Saint-Michel* dont parle *Mela*, et qui, sans doute, sert de retraite aux singes et aux porcs-épics qui habitent la montagne (1).

---

(1) Quelques voyageurs citent, sur le mont Calpé, des singes, entre autres, *Cartès*, liv. 1, ch. 7. M. Lechevalier, auteur du *Voyage dans la Troade*, qui a parcouru presque

Descendons sur la plage ; la belle position d'Algéciraz égaye mon esprit. Ce fut là où naquit le fameux *Almanzor*, premier ministre du roi *Hescam*, le plus grand génie militaire qu'aient eu les Arabes espagnols. A la place d'Algéciraz existait la *Traducta* ou *Transducta* d'Europe, dont les habitans vinrent d'Afrique. Je trouve ensuite Tarifa et son île ; au midi de ses murs on me montre *la tour des Gusmans*, fameuse par le sacrifice héroïque de *don Alonzo Perez de Gusman*, chef et fondateur de la maison des ducs de Médina-Sidonia. A une demi-lieue de là, je trouve le *Salado*, dont le nom est célèbre par la bataille que gagna Alphonse XI contre six cent mille Maures, commandés par l'empereur d'Afrique uni au roi de Grenade (1). Après ce champ de carnage, près du cap des Colombes, j'aperçois

---

toute l'Europe, où il s'est fait connaître par son urbanité autant que par ses talens, m'a confirmé ce fait ; il a vu lui-même les singes venir se jouer sur les rochers de cette montagne ; et M. de Laborde m'a même assuré que la sentinelle placée près de la tour des Signaux, était souvent assaillie à coups de pierres par ces animaux. Quant aux *porcs-épics*, Lopez de Ayala en fait mention dans son Histoire de Gibraltar. Cet auteur m'a fourni une partie des tableaux que je viens de tracer des environs de cette ville, où ma position ne m'a pas permis d'entrer.

(1) *Abohacen*, empereur d'Afrique, et *Abul hayez Juseph*, roi de Grenade.

les restes de *Bolonia*, dont la mer couvre une partie: son nom seul s'est conservé. C'était, selon Strabon, le port le plus fréquenté pour passer en Afrique : quelques pans de murailles, des chapitaux de colonnes, des inscriptions indiquent aujourd'hui sa place. Il en est de même de *Besippo*, qui se trouvait à l'embouchure du *Rio-Barbate*. J'achève ma course *au promontoire de Junon*, aujourd'hui cap de Trafalgar. Ce nom seul en dit assez; il réveille des souvenirs déchirans. Je crois voir encore cette plage couverte des débris de nos vaisseaux, et je me hâte de quitter un lieu qui nous a été si funeste.

L'homme de génie n'a point de patrie distincte, il appartient à l'humanité toute entière, et les grandes actions des braves font la gloire de tous les peuples. Je voudrais, confondant les haines particulières, qu'au sommet du mont, sur le roc même, on gravât cette inscription : *Aux mânes de Gravina et de Nelson, aux mânes des braves Espagnols, Anglais et Français qui ont succombé dans le combat du* 21 *octobre* 1805 (27 vendémiaire an 14).

Un jour peut-être des rives lointaines de l'occident, le voyageur des nations élevées sur la ruine des nôtres, étranger à nos disputes, viendra visiter ces bords et élever ce monument à la gloire des trois peuples.

Rentrons dans l'intérieur des terres, quittons

la mer et ses naufrages, volons dans les plaines d'Arcos; la nature, plus riante, y fait naître des émotions plus douces, et l'on aime a les goûter ainsi lorsqu'on sort des hautes montagnes de la Sierra, afin de se délasser des secousses violentes qu'on y ressent. Toutes les scènes de la mythologie se retracent à mon esprit à la vue de ce pays de merveilles. Livrons-nous pour un instant à l'imagination séduisante et mensongère des poëtes. Ce fut dans ces plaines que Strabon plaça les champs Elyséens d'Homère ; cependant cet adage, *sans labourer ni semer*, qui leur est appliqué, est faux; mais il désigne la fertilité de cette terre : un autre soleil, d'autres astres, n'y brillent point; *Iris* n'y est point couleur de pourpre; ***Rhadamanthe, Orphée***, ***Minos***, ***Ilus***, ***Dardanus*** et autres, n'y habitent pas; les arbres n'y portent point dix ou douze fois des fruits tous les ans; les fontaines de miel, d'huile ou de baume, n'y coulent pas; les ruisseaux n'y sont point de vin ou delait; les zéphirs légers ne servent point dans les banquets, comme écrit Lucien; mais les bosquets de lauriers de Virgile, les chèvres abondantes en lait, et vivant sans peur des loups et des autres animaux féroces; le doux chant des oiseaux célébré par Tibulle; la suavité des fleurs et des herbes aromatiques de Sidonius et de Prudence, tout cela se trouve dans le pays en-deçà du Bétis. D'autres y ont placé *le Paradis de délices*, dont les Elysées, demeure de l'âme des justes, ne sont que la copie. Enfin, l'on y a fait couler les ondes généreuses du Léthé ou Fleuve d'Oubli, et celles du noir Tartare, qui servaient de limites aux enfers. Une colonne élevé à l'oubli des anciennes querelles entre les Phéniciens et les vertueux habitans de la Turdétanie, sur le bord du premier de ces fleuves (le Guadalète), donna, dit-on (*Florian de Ocampo*), l'idée aux poëtes de feindre que ses eaux avaient la vertu de faire perdre la mémoire. C'est encore sur les bords du Léthé que Lucien place la ville fabuleuse du Sommeil. Enfin, l'on confondit souvent les champs Elyséens avec les *îles Fortunées*. On plaça aussi dans la Turdétanie le *jardin des Hespérides*, filles d'Hespérie et d'*Atlas*, oncle de cette dernière : ces filles, célèbres par leur beauté, furent enlevées par Busiris, roi d'Egypte, et délivrées par Hercule, à qui, par reconnaissance, Atlas donna des brebis à *toison d'or*, et enseigna l'astrologie. D'autres disent que ce demi-dieu, moins galant, enleva aux Hespérides des pommes d'or dédiées à Vénus, qu'elles avaient dans un beau jardin, où elles vivaient toutes les six dans la paix et l'innocence, et que gardait un dragon nommé Ladon, frère de Cerbère. Ce dragon avait cent têtes et ne dormait jamais; mais Hercule le tua pour enlever les belles pommes. Des commentateurs fort érudits ont disputé sur l'allégorie ; les uns soutiennent que ces pommes étaient des oranges, les autres que c'étaient des toisons précieuses : quoi qu'il en soit, l'aïeul des six sœurs attire un instant ma vénération. Ce fut lui qui fonda *Espera*, qu'on voit encore aujourd'hui près *d'Arcos;* celle-ci fut elle-même édifiée par le vieil *Arcas* ou *Noé : Bacchus*, *Hercule*, *Osiris*, *Tubal*, furent les autres fondateurs non moins vénérables des autres villes de la contrée. C'est ainsi que la vanité de quelques auteurs nationaux, aidée des fictions ingénieuses de la fable, a établi l'origine des villes de ce pays. Mais la respectable antiquité, pour ne pas se montrer d'une manière si héroïque dans ces fondations de villes, n'a pas perdu pour cela ses droits : des monumens irrécusables, conservés après tant de siècles, se découvrent pour nous éclairer dans nos recherches, et pour dissiper les nuages de l'allégorie. Des inscriptions de tous genres, des médailles sans nombre, que les laboureurs découvrent en sillonnant la terre, nous instruisent et nous montrent la place des villes de l'antique *Turdétanie ;* de *Carissa*, de *Saguncia*, d'*Asinia*, trois villes dont il subsiste encore des vestiges autour d'*Arcos*, qui fut la *colonia Arcensium* des Romains. *Carissa*, surnommée *Aurelia*, vit sur ses ruines s'édifier *Bornos*, dont les eaux salutaires s'écoulent dans le Guadalète et sont célèbres en Andalousie. *Saguncia* n'a plus qu'un hameau appelé *Sigonza*, et la dernière, qu'un petit ermitage et l'hôtellerie de *Asnal;* elle fut fondée par *Asinius Pollion*, et toutes deux furent détruites à l'entrée des Arabes.

Je ne puis quitter ce pays sans parler un moment de ses premiers habitans et de son antique prospérité. Les Phéniciens y apportèrent la connaissance des arts et de la navigation ; nous voyons bientôt les Turdétans, sous de tels maîtres, devenir eux-mêmes grands marins. Ces peuples, dit Strabon, sont réputés les plus sages de l'Hespérie; ils ont une grammaire, ils conservent par écrit leurs annales historiques, et ont des poëmes et des lois écrites en vers, composées, selon eux, depuis six mille ans (1). Ils faisaient peu de cas des richesses qui aujourd'hui nous paraissent si précieuses. Les Carthaginois

---

(1) Strabon, lib. 3, p. 204. Ces années n'étaient point, comme on le pense bien, des années solaires. Nous savons, par le témoignage de beaucoup d'anciens, tels que *Diodore de Sicile*, *Varron*, *Plutarque*, *Suidas*, *Lactance*, etc., que plusieurs nations se servaient d'une année qui équivalait à un, trois, quatre ou six de nos mois. D'*Hermilly*, d'après Xénophon, en donne quatre à celle des Turdétans. Masdeu pense qu'elle n'en avait que trois, suivant les saisons qui divisent l'année; ce qui alors s'accorderait avec l'espace qui s'était écoulé depuis la venue des Phéniciens, qui apportèrent dans ce pays la connaissance des sciences et des lettres.

de l'expédition d'*Amilcar* trouvèrent qu'ils faisaient usage de vases et de poids d'argent; ils n'estimaient que les choses vraiment utiles à la conservation de l'homme, et avaient déjà des écoles pour l'enseignement de la jeunesse. Dans un temps plus moderne, *Asclépiade de Myrlée*, qui fit une description géographique de la Turdétanie, y montrait la grammaire grecque. Quant à leurs usages et à leurs coutumes, les anciens ne nous ont laissé aucuns détails particuliers sur les Turdétans : il est à présumer qu'ils devaient ressembler beaucoup à ceux des Lusitans leurs voisins; mais les relations qui nous restent de la prospérité de ce pays à l'entrée des Romains, sont du plus grand interêt. On avait trouvé le moyen d'unir, par de nombreux canaux, le Bétis au Guadalète; et les eaux de ces deux fleuves, combinées avec le flux et le reflux de celles de l'Océan, remplissant ces canaux, établissaient une navigation intérieure qui fertilisait le pays, et répandait partout l'abondance. Xerès, anciennement l'*Asido des César*, était située au milieu de ces canaux, ainsi que *Ceret* et *Asta*, dont il ne reste que les noms. *Nebrissa*, aujourd'hui Lebrixa; *Colobona*, aujourd'hui Tribuxena, la colonie de Mars (*Colonia Marcia*), aujourd'hui Marchena, et beaucoup d'autres villes, étaient aussi sur leurs bords : on voit encore les traces de ces canaux dans les environs de Xerès; ils traversaient les fameux champs *Caulinos*, où furent défaits les derniers des Goths : là, mourut leur roi *Roderic*; là, se termina leur empire, qui fut remplacé par celui des Arabes : grand évènement qui plongea l'Espagne encore une fois dans la servitude.

En suivant les bords du Guadalète, j'arrive bientôt près de Cadix; cette ville, première colonie des Phéniciens, fondée par Hercule, port fameux sous les Carthaginois et les Romains, dépérit sous les Maures pour s'élever avec un nouvel éclat à la découverte du Nouveau-Monde. Ici, débarquaient ces galions chargés de l'or du Pérou; ici, des flottes nombreuses apportaient les productions de l'Amérique (1). Cadix me rappelle ces Bayadères si séduisantes qui charmaient les Romains; il me montre encore aujourd'hui les femmes les plus gracieuses de l'Andalousie, et quand, au son des castagnettes et du tambour de basque, je les vois s'abandonner aux transports de la volupté en dansant le *bolero* et le *fandango*, je me rappelle en rougissant les cyniques satires de Martial et de Juvénal.

---

(1) Ainsi, par l'ordre des destins, l'or, les productions de ce nouveau continent affluent sur les côtes occidentales d'Espagne, pour remplacer les richesses que des peuples plus orientaux tirèrent jadis de la Turdétanie, où était le Potosi de l'ancien monde.

Cette délicieuse contrée, l'antique *Turdétanie,* renouvelle à ma mémoire les débats de Rome et de Carthage. Bien différens des Phéniciens, qui furent les premiers maîtres et les instituteurs de ses habitans, les Carthaginois, attirés uniquement par l'ambition, en retirèrent des richesses immenses sans y faire du bien. Amilcar, Asdrubal et Annibal, fils de la fière Didon, ravagèrent à l'envi les bords du Bétis et de l'Ibère (aujourd'hui le Rio Tinto). Je crois voir encore leurs rives couvertes, au départ d'Asdrubal pour la Celtibérie, de cent cinquante mille hommes de pied, de six mille chevaux et de deux cents éléphans (Cornélius Népos) : mais un spectacle plus intéressant m'arrache à ces réflexions; j'aperçois autour de Xerès des milliers de vendangeurs qui récoltent ces raisins qui donnent ce vin apéritif si bon à boire avant le repas. Les plaines sont remplies de troupeaux; je vois bondir de tous côtés ces chevaux à noble encolure, ces fiers Andalous, fils du Vent suivant Virgile, si beaux pour la parade. Enfin je retrouve le Bétis, mais plus grand, plus majestueux que dans la vallée des montagnes de Jaen, plus anciennement appelé *Tartessus;* il me rappelle ce Delta célèbre et incertain qui existait, dit-on, au milieu de ses deux embouchures; c'est en vain que j'en cherche des traces, le temps a tout détruit. Cette île, où régna le vieil Argantonius, célébré par Anacréon, n'existait même plus à l'entrée des Romains en Espagne. Ce fut là qu'était Tarsis, selon beaucoup d'historiens, ce port où les flottes de Salomon venaient chercher l'or et l'argent qui servirent à la construction du temple de Jérusalem. La belle pierre du pectoral d'Aaron, qu'on pense être une crysolithe, se présente aussitôt à ma mémoire. Aujourd'hui le Guadalquivir n'a plus qu'une seule embouchure; l'on y voit les vestiges de l'ancien temple de *Vénus Astarte*, autour duquel fut bâti *San-Lucar de Barrameda.* Arrêtons-nous un instant dans cet endroit pour admirer *Théran*, philosophe sage, ami de sa patrie; partout on voit dans cette ville ce qu'il fit pour elle : deux mille femmes naguère misérables et inutiles, filent aujourd'hui, à la mécanique, du coton, dont une partie se récolte dans les environs; une belle route conduit à Xerès; de jolies promenades entourent la ville; enfin un établissement unique attire mon attention tout entière, c'est le jardin d'acclimation; là Théran avait fait le projet de réunir les plantes et les animaux les plus utiles à l'Espagne, et de les y acclimater pour les progrès des sciences et des arts et l'utilité domestique. J'y vois les vigognes et les pacos en pleine domesticité, et j'emporte l'espérance de les voir dans peu se multiplier et fournir de nouveaux produits à nos manufactures.

Ce fut sur les côtes occidentales de l'Océan que les anciens placèrent l'extrémité de la terre; c'était là que le soleil, fatigué de sa longue course, se reposait et dormait dans les bras de Téthys. Ce fut aussi cette raison qui fit donner par les Arabes à cette partie de l'Hespérie le nom d'*Andalousie*, qui, dans leur langue, signifie *fin de l'Océan* (1).

Remontons le Guadalquivir; ses rives sont bordées de lauriers-roses, de champs d'oliviers et de forêts d'orangers; le *superbe flammant* et l'*élégant corbeau azuré* y voltigent (2). Je cherche des yeux daus la campagne la place de *Searo*, de *Caura*, d'*Osset* et d'*Italica*, villes importantes qui peuplaient jadis les bords du fleuve; leurs noms sont changés; le temps les a transformées en petits villages qui ne marquent plus sur le globe. La dernière me montre encore des ruines considérables : un bel amphithéâtre, des colonnes, des statues colossales, les restes d'un temple; je les parcours avec une sorte de respect, car elles furent le berceau de Trajan, la gloire des Romains; d'Adrien, de Marcia et de Ma-

(1) D'*Handalucia*, duquel on a supprimé l'*H*. C'était le nom général de toute l'Espagne; depuis il fut appliqué à la seule Andalousie. *Voyez* Casiri, Bibliob. arab. hisp. escur., tom. 2, p. 327.

(2) *Corvus cyaneus*, Linné, avec le *graculus coracias*, Buffon.

tilde ses sœurs ; de Plotine sa femme ; du grand Théodose, d'Arcadius et d'Honorius ses fils, de Théodose le jeune, son neveu ; de Pulchérie sa sa sœur ; enfin d'un poëte, de *Silius Italicus,* qui chanta la guerre contre Carthage.

Seul au milieu des ruines d'Italica, plongé dans le recueillement, par combien de réflexions je suis assailli en parcourant ces vestiges de la puissance et de la grandeur !...... Je crois voir, dans le délire des pensées diverses qui remplissent mon imagination, le génie qui protégea ces maîtres du monde, me répéter ces légendes pompeuses des médailles que je foule partout sous mes pieds : *Tendresse perpétuelle*, *salut du genre humain*, *salut public*, *abondance perpétuelle* (1) ; *salut de la république, gloire des Romains*, *vertus des Romains, gloire de toute la terre* (2) ; telles sont les épithètes par lesquelles Rome et l'univers manifestaient leur respect, leur amour pour Trajan et pour Théodose. *Adrianopolis*, aujourd'hui Andrinople, raconte encore la gloire d'Adrien ; l'Afrique, l'Italie, la Thrace

---

(1) Ce sont les inscriptions de quatre médailles frappées à Rome, en l'honneur de Trajan. *Pietas perpetua*, *salus generis humani*, *salus publica*, *abundatia perpetua.*

(2) En l'honneur de Théodose, *salus reipublicæ*, *gloria Romanorum*, *virtus Romanorum*, *gloria orbis terrarum.* Voyez *Thesaurus Morelii.*

et l'Allemagne, avaient des villes florissantes qui s'honoraient de porter le nom de Trajan (1); mais la nuit des siècles couvre leurs cendres; le temps a sillonné le sol qui les vit naître. Le *palmiste* (2) couvre ces plaines jadis peuplées de nombreuses citées, et çà et là le laboureur y récolte de riches moissons. Des inscriptions, des médailles attestent seules leur importance passée, nous indiquent seules les places qu'elles occupaient; et sans des monumens aussi authentiques, la raison se refuserait à croire que ces rives du Bétis, aujourd'hui désertes, n'aient presque formé qu'une seule ville immense par la réunion d'un grand nombre de cités.

Nul autre terre ne recèle en son sein autant de richesses en médailles; j'aime à étudier les emblèmes qu'elles m'offrent. Ce sont des monumens pour l'histoire des hommes et des pays; Italica me

---

(1) Trajan avait en effet donné son nom à *Macomet*, dans le *Biledulgerid*, nommé anciennement *Concordia Ulpia Trajana*. Il y avait aussi *Trajana* en Italie; *Trajanopolis* dans la Thrace, où il mourut; *Legio Trajana*, la *Colonia Ulpia Trajana* en Allemagne.

(2) Le palmiste ou *chœmerops humilis* Linné, est une plante vivace dont les paysans mangent la racine, et qui couvre les plaines incultes d'une grande partie de l'Andalousie. On fait, avec ses feuilles, des balais et des éventails pour les enfans.

montre sur plusieurs d'entr'elles des autels où l'on lit: *Providentia Augusti;* d'autres des trophées militaires à Germanicus et à Drusus; la *colonia Romula,* Séville, l'effigie de Julie avec le titre de *mère du genre humain,* (*genitrix orbis*); *Carmo,* aujourd'hui Carmona, des épis, signes de sa fertilité, un *Mercure,* signe de son commerce; la *colonie des Celtes* (Celti), actuellement la Puebla de los Infantes, un sanglier sur un fer de lance; *Aria,* aujourd'hui Pegnaflor, un poisson, l'alose du Guadalquivir, qui désignait sa position sur ce fleuve; *Orippo* ou las dos Hermanas, un bœuf, emblème de la fertilité de ses campagnes; *Osset* ou Saint-Jean d'Alfarache, des raisins qu'on récolte en abondance sur ses coteaux; *Ilipense,* aujourd'hui Alcala del Rio, un épi et un poisson, signes de son abondance et de sa situation; *Carteya* prenait un dauphin, un trident, une proue de navire, tous emblèmes de la puissance et de la domination sur les eaux; *Nébrissa,* aujourd'hui Lébrixa, un cerf et au revers la tête de Bacchus : cette ville, selon une ancienne tradition, fut fondée par ce dieu; le cerf lui était consacré; sa peau, dont on se couvrait dans les Dionysiaques, se nommait alors *Nébris;* lui-même était surnommé *Nebrodes,* d'où vient le nom de *Nebrissa.* C'est ainsi qu'une seule médaille forme l'histoire d'une ville.

Plus heureuse qu'*Italica,* et grande de ses ruines, *Hispalis* ou la petite Rome (*Colonia Romula*), subsiste encore et conserve son importance. Premier établissement de Tubal en Espagne, selon les uns; selon les autres, fondée par *Hercule le Lybien*, l'on peut voir dans ces fables les preuves de l'origine la plus reculée : les restes d'un temple à ce dieu, ceux de plusieurs bains, son aquéduc, attestent cette haute antiquité. Séville, la merveille de l'Espagne, capitale d'un florissant royaume sous les Maures, jouit d'une situation délicieuse ; des plaines fertiles l'entourent, des forêts d'orangers embaument l'air qu'on y respire ; le Bétis baigne ses murs et y apportait jadis les productions du Nouveau Monde ; sa cathédrale s'élève majestueusement au-dessus des autres édifices, surmontée de la fameuse *Giralda*, boussole des habitans de Séville. On y voit le tombeau modeste de D. Ferdinand Colomb, fils du fameux Christophe. Combien de souvenirs sont attachés à ce nom célèbre! Ferdinand était aussi un homme d'un grand talent ; il fit présent de sa bibliothèque, superbe pour le temps, à la cathédrale ; elle s'y conserve encore sous le nom de *Colombine*. Dans une chapelle somptueuse, l'on garde les cendres de plusieurs rois célèbres. Le tombeau d'*Alphonse le Sage* rappelle un monarque philosophe et conquérant, protecteur des sciences qu'il cultiva lui-même et qu'il apprit des Arabes. *Geber*, l'un d'eux, inventeur de l'algèbre ;

naquit à Séville. Comment parcourir l'enceinte de ses murs, qu'on dit élevés par César, sans se ressouvenir des siéges mémorables qu'elle a soutenus ! Après une longue défense, son roi, l'infortuné ***Ben-Abad***, vaincu par le sultan ***Juseph***, fut chargé de chaînes, ainsi que sa famille, et conduit en Afrique ; là, plongé dans une affreuse prison, on leur refusa même un esclave pour les servir ; les jeunes princesses furent réduites à filer pour nourrir leur père, qui, après six ans d'une vie aussi pénible, mourut accablé de misère, digne d'un meilleur sort ; c'était le prince le plus accompli de son siècle. Mais un second siége, triomphe de Ferdinand III, fut encore plus funeste aux Maures ; après un an de résistance, trois cent mille d'entre eux abandonnèrent en gémissant la ville qui les vit naître, et se retirèrent à Grenade et en Afrique.

C'était à Séville que se conservait avec beaucoup de soin et de vénération le vaisseau *la Victoire*, qui le premier avait fait le tour du monde avec Magellan ; semblable en cela à la galère sacrée d'Athènes, qui faisait tous les ans le voyage de Délos, il périt enfin de vieillesse au port d'où il était parti, après avoir fait près de 15,000 lieues (1).

---

(1) Voyez la Relation du Voyage de Magellan, dans Histoire générale des Voyages de l'abbé Prévost.

C'est dans cette ville qu'on trouve les plus célèbres jouteurs de taureaux ; leurs noms, plus connus en Espagne que ceux des savans, passent à la postérité avec la tradition de leurs exploits. Ce sont des restes barbares des amusemens sanguinaires des Romains (1). Combien mon cœur est révolté, combien je souffre en voyant aux combats des taureaux, la beauté, l'innocence, dans l'âge où le cœur ne doit ressentir que les émotions les plus douces, s'abandonner aux transports violens d'une joie inhumaine à la vue des triomphes d'un animal furieux sur un homme insensé, bien digne, à la vérité, de disputer l'arène à des bêtes féroces.

Mais j'aime à voir au milieu de la foule qui la remplit, gravement drapée, comme les compagnons de César, les restes de ces modes arabes que portent les *majos* et les *majas* (2) ! Celles-ci, à Séville plus qu'ailleurs, attirent les regards par leur tournure piquante et leste. J'aime à les entendre, dans un langage ampoulé et métaphorique, qui me rappelle les mœurs orienta-

---

(1) Pline dit que le premier qui donna le spectacle des taureaux à Rome, fut *Jules César*, et il attribue son invention aux Thessaliens. Les Espagnols font remonter l'origine de ces jeux à une époque beaucoup plus reculée.

(2) Voyez dans l'Itinéraire de M. de Laborde, ce que ce savant dit de ces sortes de gens.

les, répondre aux déclarations cyniques et passionnées de leurs amans.

Une classe d'hommes dont l'origine est incertaine, dont les usages, les mœurs, les habitudes, le langage enfin, se conservent intacts au milieu des Andalous, attire ma curiosité. *Triana*, à l'autre rive du Guadalquivir, est entièrement peuplé de ces Bohémiens ou Egyptiens dont les pères inondèrent l'Europe méridionale, et qui se rendirent redoutables par leurs brigandages et leur audace.

Mais je ne puis quitter Séville sans me rappeler tout ce que l'Espagne lui doit de gloire dans la peinture. A peine la conquête du royaume de Naples eût-elle ouvert aux Espagnols les portes de l'Italie, qu'une foule de peintres volèrent à Rome étudier sous Michel Ange les principes du bon goût. Les *Berruguete*, mais surtout *Bercera*, forts des belles proportions de l'antique, détruisirent la méthode barbare. L'élan général donné à la nation se distingua surtout à Séville, où successivement parurent de grands maîtres. *Louis de Bargas*, *Zurbaran*, l'imitateur du *Carravache*; *Murillo*, le peintre de la nature et de la vérité; *Vélazquez*, le prince de la peinture en Espagne; *Cano*, habile dans les trois genres, y naquirent on s'y rendirent célèbres: leurs noms, que les amateurs des beaux-arts ne devraient prononcer qu'avec respect, sont peu connus dans ma patrie;

mais bientôt leurs ouvrages leur assureront une réputation immortelle parmi nous, comme ils en jouissent déjà chez eux. O Séville! les chefs-d'œuvre de tes enfans, mieux connus, seront appréciés; ils seront admirés au-delà des monts, aux rives de la Seine, et brilleront même à côté de ceux des écoles de Flandres et d'Italie !.... Séville ne fut pas la seule en Andalousie qui forma une école distincte et célèbre; Grenade eut aussi de grands maîtres : *Cespedes*, restaurateur de la statue de Sénèque, qui comme lui naquit à Cordoue, et *César de Arvasio*, disciple de Léonard de Vinci, fondèrent celle de cette ville. Luc Jordan, Mengs, étudièrent les chefs-d'œuvre que ces écoles produisirent; enfin le goût de la peinture est tellement répandu dans l'Andalousie, que la cabane du pauvre comme le palais du riche, l'église de village comme la cathédrale d'une grande cité, sont décorés de peintures souvent très-bonnes. La vue de cette richesse nationale m'a fait soupirer en pensant que dans notre France, grande de toute sorte de gloire, riche avec profusion de toute espèce de richesses, je parcourais souvent toute une province sans trouver un bon tableau! Rome, qui gouvernait le monde, laissa partout des preuves de sa grandeur et de sa magnificence. Cette capitale de l'empire n'était point la seule ville où l'on admirât des chefs-d'œuvre; l'*Italie*, les *Gaules*, l'*Hespérie*, les *provinces d'Asie et d'Afrique*; le corps de l'empire comme les pays conquis, étaient traversés par des routes magnifiques, et les villes qui les peuplaient avaient, suivant leur importance, des théâtres, des naumachies, des bains, des temples, des amphithéâtres, des colisées, des portiques décorés de beaucoup de statues et de peintures; leurs ruines attirent tous les jours notre admiration : la Bétique, que je parcours, m'en offre partout des traces. *Herculanum* et *Pompeia*, qui n'ont jamais marqué dans l'antiquité, offrent cependant une grande profusion d'ornemens. Combien nous sommes loin de cette richesse ! Nos provinces n'ont presque aucuns monumens qui soient dignes de passer à la postérité, et qui puissent y renouveler notre gloire et y marquer notre grandeur. L'aqueduc de Montpellier, le canal de Languedoc, le quai de Bordeaux, le bassin de Toulon, sont presque les seuls qu'on puisse citer dans le midi de la France; et dans ce vaste espace on ne connaît presque pas une belle statue. Que sont d'ailleurs nos frêles bâtisses, que quelques lustres voient naître et s'écrouler, auprès de ces belles ruines romaines de Nîmes, qui subsistent encore après tant de siècles pour nous faire honte?

J'ai pris un assez long repos; suivons notre course, et partons de Séville pour visiter l'*Axarafe* ou *jardin d'Hercule*. C'est le pays fertile compris entre le Bétis et l'*Ibère*, ou Rio Tinto ; je trouve d'abord les ruines de la ville du soleil, *Hespera*, dont a été construit San-Lucar-la-Mayor ; dans une situation bizarre j'admire les restes d'*Iltipla*, à laquelle Niebla a succédé ; capitale d'un comté, autrefois celle d'un petit royaume sous les Maures, cette ville n'est plus aujourd'hui qu'une vieille forteresse qui défend Séville de l'insulte des montagnards. Si je descends le Rio Tinto, j'arrive bientôt à Moguer, qui s'est élevé des ruines d'*Olintigi* ; c'est là que j'ai failli finir ma carrière ; fasse le ciel que je n'aie point à regretter d'avoir survécu au coup qui devait m'ôter la vie (1) ! A l'embouchure du fleuve je trouve, à droite, Huelba, anciennement *Onoba*, patrie de *Martin l'Andalous*, l'un des premiers navigateurs qui parcoururent l'Océan ; et à gauche, le petit port de Palos, lieu peu connu, d'où partit Colomb avec un petit nombre d'audacieux Castillans, pour aller conquérir un nouveau monde. Si, au contraire, je remonte le petit fleuve, je trouve vers sa source ces belles mines jadis exploitées par les Romains ; ici, l'on extrait

(1) Je reçus, au débarquement des troupes commandées par le général Lascy, une balle qui me fracassa l'omoplatte, me traversa la poitrine, et sortit au-dessus du sein gauche.

du cuivre ; là, de l'arsénic ; plus loin de l'argent ou du plomb. *Rio Tinto*, *Almaden*, *Zalamea*, étaient déjà célèbres sous ces peuples, comme le prouvent d'antiques inscriptions que l'on trouve sur les lieux. Je reconnais encore les restes des routes qui servirent à conduire les métaux jusqu'au Bétis, d'où ils étaient transportés en Italie ; et, si l'on doit tenir pour certain que *Tarsis* était située entre les bras du Bétis, ce fut sans doute de cette partie de la *Sierra* que l'on tirait l'or et l'argent qui servirent à la construction du fameux temple de Salomon. Près d'Almaden, dans la vallée du *Vif-Argent*, existait *Sisapo*, dont Pline vante le vermillon. Bien d'autres ruines fixent encore mon attention ; Aracena s'est formée de celles de *Lælia ;* Zafra a remplacé *Segeda ;* Aroche, *Aruci ;* de *Nertobriga*, surnommé *Concordia Julia*, s'est formé Fréjenal, charmant endroit, patrie de *Benoît-Arias-Montanus* ou de *la Montagne*, à cause de sa naissance.

J'ai décrit la *Sierra Morena*, comme on la voit au sortir de la Manche ; ici, l'aspect est différent : des mamelons qui s'exhaussent vers l'est, plus ou moins arrondis, presque toujours arides, caillouteux, souvent sans aucune végétation, ou bien couverts de chênes verts et de cistes ; hachés de petits ravins où coulent des torrens qui se débordent à la moindre pluie, forment le coup d'œil le plus triste et le plus désagréable. Une seule grande route, celle de *Badajoz*, traverse cette partie de la montagne Noire ; à droite et à gauche de cette route, de petits sentiers où les mulets ont peine à marcher, sont les seuls moyens de communication pratiqués. On trouve çà et là des terreins fertiles et bien cultivés; ils annoncent des habitations; l'on voit même, à des expositions favorables, des orangers et des citronniers ; et rien n'étonne davantage le voyageur, que de trouver, après un chemin pénible, et pour ainsi dire caché à tous les yeux, de beaux villages ou de jolies petites villes. L'industrie fait tout dans ces montagnes ; les habitans en sont presque tous braconniers ; on voit chez eux une grande quantité de chèvres, et surtout beaucoup de cochons qu'ils engraissent et salent pour la marine. Cela forme, avec le produit des mines et la contrebande avec le Portugal, le seul commerce de ce pays.

Tour à tour possédé par les deux nations, frontière du Portugal et de l'Estramadoure, il a souvent été dévasté par les deux peuples, et les *alcazares* (forteresses) des Arabes ont plusieurs fois servi de retraite à leurs différens partis. Ces vieilles ruines moresques, bâties sur des débris romains qui servent encore d'appui aux habitations actuelles, semblent nous montrer l'histoire des passions de l'homme, qui, s'élevant sur les fondemens de la raison, s'écroulent bientôt, tandis que leurs bases servent à construire l'édifice de la vie. Regagnons les bords fleuris du Guadalquivir ; j'aime à parcourir les belles contrées qu'il arrose : souvent incultes, à la vérité, du moins je les vois en espérance se défricher un jour, et rendre à leurs cultivateurs le centuple de la graine qu'on y fera germer. Ces plaines inhabitées me font faire encore d'autres réflexions; j'examine les monts voisins, les ruisseaux qui les sillonnent; je cherche les pierres éparses, les ruines dispersées çà et là, afin de découvrir la place des villes qui les peuplaient jadis. *Ilipa*, *Celti*, *Arva*, *Aria*, *Corbula*, ne subsistent plus ; partout je vois des villes renversées, et nulle part je ne vois réédifier : le temps détruit tout dans cette partie du globe, et la postérité n'y renouvelle rien. *Astigi* et *Corduba* lui ont seules résisté, malgré de violentes secousses. *Astigi*, aujourd'hui Ecija, est située dans la délicieuse vallée du Xénil. C'est le lieu le plus chaud de l'Andalousie ; ses bâtimens s'étendent en amphithéâtre sur le bord de la rivière ; son terrein fertile produit en abondance tout ce qui est nécessaire à la vie ; naguère on y voyait de nombreuses plantations de cotonniers ; mais des impôts énormes en ont fait abandonner la culture. Ainsi un gouvernement monstrueux étouffait ses propres richesses et l'industrie de ses enfans. Cette ville, colonie romaine, surnommée *Augusta*

Firma, était l'une des principales de la Bétique, et le chef-lieu d'un de ses quatre grands gouvernemens ; on y révérait le dieu du bon succès (*Eventus Bonus*).

En remontant le Xénil, je trouve Archidona, où *Abdérame*, le dernier des Almohades, échappé au massacre de ses frères par les Abassides, se fit proclamer premier calife ou miramamolin de Cordoue (1). Espejo me montre les ruines de l'ancienne *Attubi* de Pline, surnommée *Claritas Julia*. Enfin, avant d'arriver à Cordoue, je retrouve une des colonies modernes, la *Carlota*. La route, bordée de maisons pendant plus d'une

---

(1) Entre cette ville et Antequera, se voit le rocher des *Deux-Amans* (la *pègna de los Enamorados*) ; il est célèbre dans toute la contrée, et l'on ne peut s'empêcher d'être attendri au récit de l'évènement qui lui a fait donner ce nom. Au temps ou les Maures et les Chrétiens étaient en guerre, un jeune Espagnol et une belle Arabe s'aimaient tendrement ; poursuivis par le père de celle-ci, ils se précipitèrent, en s'embrassant étroitement, du haut de ce rocher, pour éviter la mort cruelle dont le Maure les menaçait. De vieilles romances transmettent aux générations le souvenir de cette déplorable aventure, et les jeunes filles les chantent encore à leurs amans.

Mariena, *Fereras*, etc., rapportent en détail cet évènement. Au reste, M. Depping m'a fait observer que l'on trouvait de semblables faits en France, en Allemagne, et dans d'autres pays.

lieue, forme cette bourgade. Chaque habitation a son jardin, ses champs, est entourée d'arbres fruitiers, et présente l'image de la simplicité et du bonheur. Tout près est la *Montilla*, renommée par ses bons vins. Enfin, après quelques heures de marche, je découvre Cordoue.

Des coteaux arrondis, bien cultivés, où l'on recueille des vins exquis et des grains de toute espèce, l'entourent de tous côtés ; de vastes olivètes, des forêts d'orangers et de citronniers, couvrent la campagne ; des troupeaux innombrables, qui, des sommets des montagnes, viennent pendant l'hiver chercher une autre température en Andalousie, paissent sur les bords du fleuve ; des jumens indomptées et sauvages bondissent de toutes parts ; quelques étalons se font remarquer au milieu d'elles, et perpétuent la plus belle race des chevaux andalous. *Cordoue*, colonie des Phéniciens de Cadix, célèbre par ses moulins à huile, s'éleva des ruines de la *Colonia Patricia*, des Romains. Cette ville, l'une des quatre capitales de la Bétique, rappelle des siéges mémorables et les débats des fils de Pompée contre César. Les deux Sénèques et Lucain y prirent naissance, ainsi qu'Osius, le grand Osius, son évêque, qui y défendit saint Athanase dans un concile national, et présida le concile œcuménique de Nicée. Cordoue fut la capitale du royaume des Arabes en Espagne; je ne puis m'empêcher de parler ici de cette nation, puisque ce fut le chef-lieu de leur empire et le principal théâtre de leur gloire. Les Arabes, décriés par tous les écrivains espagnols, qui, avec la masse de la nation, n'ont vu en eux que des barbares qui les retenaient dans l'esclavage, méritaient peut-être moins que les Espagnols d'alors un tel titre. Cette époque de l'histoire de la nation n'a pas été bien jugée, parce qu'elle n'a pas été bien connue, et c'est peut-être la plus intéressante, si ce n'est pas la plus glorieuse. L'agriculture florissait alors au plus haut point, les sciences et les arts étaient cultivés avec passion; si le goût n'était pas épuré, si le génie ne s'était point encore soumis aux règles de l'art, l'élément du beau et du bon existait chez ce peuple. Chez lui, la bravoure était portée jusqu'à l'héroïsme; l'amour jusqu'à l'adoration. Les travaux les plus pénibles, les conquêtes les plus difficiles, coûtaient peu à l'ardent chevalier pour contenter sa belle. C'était le temps de ces grandes passions et de ces hauts faits d'armes qui nous paraissent des rêveries. La galanterie, la politesse régnaient dans les cours; la simplicité, le bonheur chez l'habitant des campagnes, chez le peuple en général : du moins l'Andalousie, pendant tout le temps de la domination paisible des Maures, présentait cet ensemble heureux.

L'Espagne servait alors d'exemple à toutes les nations de l'Europe, qui y envoyaient étudier leurs savans. C'est aux Arabes que nous sommes redevables de la traduction de presque tous les chefs-d'œuvre des Grecs dans tous les genres, traduits depuis de leur langue par les Allemands, les Anglais, les Français, les Italiens : entre autres, de la plupart des livres de médecine, de chimie, d'astronomie ou de mathématiques, qui depuis ont servi, en grande partie, de base aux connaissances dont ces mêmes nations se glorifient aujourd'hui. Les écoles de *Séville*, *Cordoue*, *Grenade*, servirent de modèles à celles de France et d'Italie; enfin, la science des Arabes était tellement reconnue, que l'empereur Frédéric II ordonna de faire des versions des traductions arabes, afin de lire leurs ouvrages dans toutes les écoles publiques d'Allemagne et d'Italie.

Nous leur devons l'arithmétique en chiffres dits arabes ; l'algèbre passe aussi pour être de leur invention. Ils écrivirent les premiers, parmi les modernes, d'excellens traités d'agriculture, et enseignaient cette science avec méthode. Ils apprirent l'astronomie à Alphonse le Sage, et, même après leur expulsion, ils servirent longtemps de maîtres aux Espagnols. Depuis eux l'Espagnol n'a plus marqué dans les sciences exactes, et même on doit ajouter que les connaissances des Arabes, quoiqu'assez étendues en *Astronomie, chimie, physique et mathématique*, comme le prouvent, entre autres, *la découverte du mouvement apogée du soleil, par Albategnio* ou *Mahamed Ben Geber; l'application qu'ils firent les premiers de la chimie à la médecine; l'apparat actuel des pharmacies espagnoles*, etc., étaient mêlées d'une grande superstition, d'un mauvais goût, d'un mélange confus de vaine philosophie, nés de la mauvaise manière d'entendre et d'appliquer les préceptes des ouvrages grecs. Et si on leur doit des découvertes dans ces sciences, on leur doit anssi l'*alchimie* et l'*astrologie judiciaire.*

En littérature, ils ont travaillé avec moins de fruit que dans les sciences; dans celle-ci, ils nous ont transmis des élémens solides, ou ont accru les connaissances déjà acquises. En littérature, ils avaient sans doute de bonnes vues; mais leurs ouvrages, à l'exception de ceux sur l'histoire, étoient peu utiles, et ils n'ont pas été traduits. D'ailleurs leur style *ampoulé*, plein de *métaphores* de *répétitions*, d'*hyperboles*, n'engageait pas à traduire des ouvrages d'esprit, où, malgré ces grands défauts, on voyait de grandes beautes, surtout dans leurs poésies, où brillaient une imagination vive et féconde, des pensées originales, tout le feu des passions, et souvent des idées grandes et sublimes.

Cordoue fut particulièrement le berceau des sciences échappées de l'Orient; *Avicène*, oracle de son siècle, y naquit; *Gonzalve*, ce héros célébré par les historiens et les romanciers, la terreur des Maures, y reçut aussi le jour. *Almanzor I*, le plus sage de ses califes, rappelle à ma mémoire cette fameuse ville *Zehra*, qu'il fit construire pour sa favorite. Ce chef-d'œuvre de luxe et de galanterie ne subsiste plus que dans les écrits des romanciers Arabes. Ces bains délicieux, ces jets d'eau si magnifiques, ces boudoirs, asiles du mystère, sont détruits depuis long-temps. *La ville des fleurs d'Almanzor II* n'offre non plus aucuns vestiges; mais des monumens non moins admirables ont résisté au pouvoir destructeur du temps et de la guerre, pour nous attester la grandeur et la magnificence des Arabes. La superbe mosquée de Cordoue, édifice unique en Europe, attire mon attention tout entière; et je ne puis, sans une respectueuse admiration, parcourir ses forêts de colonnes déliées au milieu desquelles je crois voir encore l'immense population de cette ville rendre hommage au prophète.

Enfin je termine ma course par les ruines de la ville de Celtes, *Obulco ;* des médailles et quelques monumens que les plus érudits des nations peuvent seuls consulter, nous ont conservé les caractères de la langue de ces peuples si peu connus. Ce n'est qu'avec une sorte de respect que je considère ces monumens de la plus haute antiquité, antérieurs peut-être à la venue des peuples orientaux en Espagne, et qui se sont ainsi conservés, comme par miracle, depuis tant de siècles. Porcuna tient aujourd'hui la place d'*Obulco*; bientôt après, je retrouve Anduxar, toutes les horreurs de la montagne Noire, et le pays célèbre du chevalier de la triste figure.

Je le demande, quel pays sur le globe offre, dans un si petit espace, des scènes aussi variées, des souvenirs aussi mémorables, et peut faire naître des sensations plus profondes, si diverses et si multipliées? Champs fertiles du Bétis et du Xénil, vous n'attendez que quelques instans de paix et de bonheur pour devenir le pays le plus riche du monde! Presque sans soins et sans culture ces champs produisent les plus belles moissons. Lorsque chacun de leurs habitans possédera une portion de l'héritage de ses pères, il trouvera la félicité dans sa terre natale; il s'attachera à son pays, et n'ira plus chercher au-delà des mers l'aisance et le bonheur qu'il trouvera en les cultivant : il s'attachera aussi à sa famille; ses mœurs s'adouciront; il deviendra bon père et bon époux; de nombreux rejetons donneront des défenseurs à la patrie; des soutiens à l'État, et de nouvelles familles peupleront ces plaines désertes aujourd'hui. L'industrie qui anime et vivifie tout, fertilisera jusqu'au sommet des montagnes de l'Andalousie; elle apprendra à ses habitans l'art d'employer les produits de leur Climat. La prospérite naîtra de cet ensemble heureux, des jouissances nouvelles et plus douces succéderont aux jeux sanguinaires et destructeurs des courses de taureaux; la jeune fille intéressante par son âge et ses agrémens, se colorera quelquefois de cet incarnat enchanteur d'une âme pure; la politesse, l'urbanité se rencontreront partout; la sensibilité, les tendres affections du cœur ne seront plus réduites à un système dégradant et impur; la fidélité, l'amour conjugal et maternel uniront les époux. Lorsque chacun aura son sort fixé, la portion individuelle de terrein deviendra le lien de la tranquillité sociale : moins de vagabonds, moins de pauvres, plus de voleurs ni d'assassins. Chaque possesseur attachera son existence à son domaine; il l'embellira des fruits de la culture. Espérons donc, aimables Andalous, dans un avenir prochain, cet ensemble enchanteur; soyez enfin heureux, tel est le souhait de mon cœur.

NOTA. Les principaux morceaux que m'avait fait supprimer la police lors de la première édition de cet opuscule, sont ceux sur *Baylen*, *Aldonagales*, *Gibraltar* et la *Sierra-Morena*; je les ai littéralement rétablis.

ERRATA.

Page 14, ligne 3, *enposte, lisez* en poste.
—— 15, 2e. alinéa, lig. 7, d'origine étrangère, fils, etc., *lisez* d'origine étrangère, le dernier fils, etc.
—— 17, lig. 2, et fit un bruit effroyable, *lisez* un dégât.
—— 31, lig. 9, au cas qu'on y fût entré, *lisez* en cas d'attaque
—— 35, lig. 7, mon colonel, en qualité de naturaliste, m'a envoyé à la recherche, *lisez* mon colonel m'a envoyé, en qualité de naturaliste, à la recherche.
—— 82, lig. 6, 1743, *lisez* 1437.
—— 92, lig. 12, à côté de la députation, *maison de ville*, *lisez* est la *maison de ville*.

www.ingramcontent.com/pod-product-compliance
Ingram Content Group UK Ltd.
Pitfield, Milton Keynes, MK11 3LW, UK
UKHW022054190726
13855UKWH00002B/495

9 782013 070959